Andreas Herrmann

IN DIR STECKT MEHR, ALS DU DENKST

D1937135

Andreas Herrmann

In dir steckt mehr, als du denkst

Entdecke dein Leiterpotential

C & P Verlags-GmbH, Wiesbaden

Besonderen Dank an Sabine Bellin,
die mir mit viel Liebe das Manuskript für dieses Buch tippte.

Fast alle Namen handelnder Personen in diesem Buch sind verändert worden, bis auf einige Personen, deren Namensänderung den Realitätsbezug reduziert hätte.

© 1991 by C & P Verlags-GmbH
Niederwaldstr. 14, W-6200 Wiesbaden
ISBN 3-928093-17-7

Umschlaggestaltung: Büro für Kommunikationsdesign, Heidenreich, Mainz

Satz: Knipp, Satz und Bild digital, Dortmund
Druck: Ebner Ulm

Für meine Sabine,
vor der ich laut denken darf.
Für meine Töchter Janina und Mirjana,
die mich zeitweise entbehren mußten.
Für den Herrn,
der mich zu den Prinzipien
dieses Buches führte.

INHALT

Teil 3

VORWORT

von Keith Warrington

Andreas Herrmann gehört zu einer neuen Generation von jungen Leitern in Deutschland. Er hat sich Gottes Ruf gestellt, anderen Menschen zu dienen. In diesem Buch ruft er vor allem junge Christen auf, das Gleiche zu tun. Er beschreibt, wie er Leitung versteht, räumt Hindernisse aus dem Weg und gibt sehr viel praktische Anleitung.

Sein Schreibstil ist energisch und bildhaft (manchmal wechselt er Bilder mitten im Satz). Andreas ist von einem brennenden Anliegen ergriffen: Er will den vielen jungen Christen in Deutschland dazu verhelfen, ihre Leiterschaftsverantwortung anzunehmen. Für ihn ist Leiten gleich Dienen. Leitungsdienste können sehr unterschiedlich sein – und jeder sollte auf seine Art und nach seiner Gabe Verantwortung tragen.

Ich bin überzeugt: Wenn wir in unserem Land ein kontinuierliches Wachstum von erweckungsorientierten Gruppen, Werken und Gemeinden – ob »alterneuert« oder »neugegründet« – erleben wollen, dann muß ein Heer von jungen Leitern herangebildet werden. Wie das praktisch geschehen kann, das ist keineswegs ein Mysterium. Und es ist auch keine Angelegenheit, die allein Gott überlassen wäre. Wir müssen mit dienendem Herzen und einem Blick für Multiplikation darangehen, systematisch zukünftige Leiter auszubilden. Diese Chance liegt in unserer Hand. Andreas plädiert dafür, daß wir sie ergreifen.

Wer wäre besser dazu geeignet, so systematisch und gründlich an dieses Werk zu gehen, als ein Deutscher? Leider steckt in unseren Breiten der Multiplikationsgedanke noch in den Kinderschuhen. Das gleiche Volk, das in der Wirtschaft, im geistig-kulturellen Bereich, im Sport und anderswo ganz selbstverständlich auf Wachstum und weltweite Spitzenqualität setzt, wird in Bereichen wie Familie, Gemeinde, Erweckung, Vaterschaft, Autorität, Partnerschaft mit Gott auf einmal unsicher, ja, fast hilflos. Dieser Zustand hat seine Gründe: Es gibt handfeste Blockaden, sowohl auf historisch-kultureller als auch auf geistlich-traditioneller Ebene.

Mit diesen Blockaden hat sich Andreas auseinandersetzen müssen. Er hat lange und hartnäckig gesucht, und er hat einen hohen Preis dafür bezahlt, um durchzubrechen. Aber durchgebrochen ist er.

Ein zentrales Anliegen dieses Buches ist es, anderen zu dem gleichen Durchbruch zu verhelfen. Um diesen Prozeß zu fördern, erzählt Andreas von vielen praktischen Erfahrungen während seiner Vorbereitungsjahre sowie seiner jetzigen Tätigkeit als Gemeindeleiter. Denn im Oktober 1988 war es soweit. Zusammen mit seinem Freund Rudi Pinke gründete er eine Gemeinde, das Christliche Zentrum Frankfurt (CZF). Innerhalb von drei Jahren ist diese Gemeinde auf 350 Personen angewachsen. Jetzt zieht Andreas mit seiner Frau Sabine und den Kindern nach Wiesbaden, wo er bereits einen Gemeindekern von 100 Personen aufgebaut hat.

Solche Ergebnisse sind bahnbrechend. Die Prinzipien, aus denen diese Früchte resultieren und die Andreas in seinem Buch beschreibt, gelten für jeden Christen. Das ist der erste Grund, weshalb ich dieses Buch nachdrücklich empfehlen möchte.

Der zweite Grund ist ein persönlicher: Ich kenne Andreas gut. 1979 bin ich ihm zum ersten Mal in seiner Jugendgruppe im Taunus begegnet. Damals war er gerade verlobt, steckte noch in seiner Krankenpflegeausbildung und experimentierte in diversen Rockbands. Auf mich machte er einen sehr »jugendlichen« Eindruck. In den folgenden Jahren sah ich ihn gelegentlich in der »Boje«-Jugendgruppe in Lorsbach, und auch während seines Studiums der Sozialarbeit in Frankfurt hatten wir immer wieder Kontakt. Ende 1985 stießen er und seine Frau Sabine zu uns als Mitarbeiter von »Jugend mit einer Mission« in Frankfurt. Sie waren für uns eine große Bereicherung, und während dieser Zeit habe ich ihre Integrität und Charakterqualitäten schätzen gelernt. Es war klar ersichtlich: Sie hatten sich unter den Herrn Jesus gestellt und waren in seiner Lebensschule. Es war also nur eine Frage der Zeit, bis sich ihre eigentliche Berufung herauskristallisierte. Dazu haben wir sie dann gern ausgesandt.

Noch eine Bemerkung: Ein paarmal bin ich Andreas' Eltern, Margita und Henning Herrmann, begegnet. Sieben Jahre dienten sie als Missionare der Missionsgesellschaft WEC (Weltweiter Einsatz für Christus) in Guinea-Bissau. Anschließend leiteten sie das WEC-Missionshaus in Eppstein/Taunus. Wenn Andreas gegenüber vielen anderen Christen einen Vorteil hat, dann ist es sein Elternhaus. Seine Eltern haben ihm ein gutes Lebensfundament gegeben. Dies kommt uns nun allen zugute. Dafür möchte ich ihnen ausdrücklich danken, denn die neuen Leiter, die wir brauchen, müssen zu ihren Eltern und zu ihrer Geschichte eine gesunde und ungebrochene Beziehung haben.

Ich bin der Überzeugung, daß dies bei Andreas und Sabine der Fall ist.

Frankfurt, im August 1991

Keith Warrington, gebürtiger Neuseeländer, leitet den deutschen Zweig der internationalen Missionsgesellschaft »Jugend mit einer Mission«.

LIEBER LESER,

du besitzt

- ganz spezifische Talente,
- eine genau zu dir passende Gabenkombination,
- ein unverwechselbares Persönlichkeitsprofil,
- eine spezielle Berufung,
- ein ganz persönliches Selbst-Image,
- Chancen und Gelegenheiten, die außer dir kein anderer hat.

Mit diesen Eigenschaften und Qualitäten kannst du das tun, was nur eine Person auf dieser Welt kann: du selbst. Es liegt also in deiner Hand, etwas Großartiges und Einmaliges zu starten. Der einzige, der dich daran hindert, das zu werden, wofür du geschaffen und berufen bist, bist du selbst.

Die Prinzipien der Leiterschaft sind ganz und gar nichts Mysteriöses. Es gibt Gesetzmäßigkeiten und Regeln, die, sofern sie befolgt werden, unweigerlich dazu führen, daß das Leiterpotential, das Gott in dich hineingelegt hat, zur Entfaltung kommt (vorausgesetzt natürlich, Gott hat dich zur Leiterschaft berufen). Mein intensives Studium dieser Grundregeln hat nicht nur mich selbst gesegnet, sondern auch viele Hauskreisleiter, Pastoren und Projektleiter, die ich beraten durfte.

Ich bin zutiefst davon überzeugt, daß es noch unendlich viele unbesetzte Leiterpositionen gibt, dem ein noch nicht freigesetztes Heer an potentiellen Leitern gegenübersteht. Deshalb braucht niemand ein Gerangel zu befürchten, wenn Tausende von Christen nach verantwortungsvollen Leiterpositionen streben. Warum also keine Spitzenpositionen für den Herrn besetzen? Was spricht eigentlich dagegen?

Leider sind viele Christen davon überzeugt, Erfolglosigkeit sei ein Zeichen echter Christusnachfolge. Wenn es ihnen dann mal gut geht, kann einfach etwas nicht stimmen. Ihr Gewissen, das aus einem falschen religiösen Verständnis gespeist wurde, läßt sie in stupider geistlicher Mittelmäßigkeit versinken.

Wenn ein Prediger geistlichen Ehrgeiz entfaltet und beschließt, einer der besten Prediger für den Herrn zu werden, so würden viele davon profitieren und inspiriert werden. Sollte ein Hauskreisleiter beschließen, einen interessanten und dynamisch wachsenden Hauskreis aufzubauen, so würden ganz sicher alle Hauskreisteilnehmer gesegnet werden. Solltest du den Wunsch haben, etwas Besonderes für Gott und die Menschen zu tun, so ist es unwesentlich, ob du Pastor, Hauskreisleiter, Firmenchef, Musiker, Künstler, Lehrer oder Mutter bist. Was zählt, ist dein Entschluß, zu wachsen und – gemäß deiner Berufung – das Beste für ein erstrebenswertes Ziel zu geben. Eine solche Haltung hat Gott schon immer mit Segen überschüttet.

Dieses Buch soll ein buntes Buffet von Anregungen und Hilfen sein, von dem du dir am besten das nimmst, was dir für deine Situation wertvoll und hilfreich erscheint. Entdecke dich beim Lesen dieses Arbeitsbuches und benutze es als Orientierungshilfe auf deinem Weg, deine Leiterfähigkeit zu steigern und zu entwickeln. Erwecke die Gabe Gottes, die in dir ist (2. Tim. 1,6).

Dieses Buch soll zur Anleitung, Ermutigung, Beratung, Reflexion sowie zur Korrektur dienen – bei altgedienten Leitern und solchen, die spüren, daß sie eines Tages Leitungsverantwortung übernehmen werden.

Wenn du dich mit diesem Buch beschäftigst, dann lese es so, als hätte ich es allein für dich geschrieben. Es ist dir und einer neuen Generation christlicher Leiter gewidmet. Ich bete, daß der Herr dich in gewaltiger Weise segnet und inspiriert, wenn du mich durch die folgenden Kapitel begleitest.

Frankfurt, im Sommer 1991 — Andreas Herrmann

Teil 1:

Neue Leiter braucht das Land

Was ist eigentlich Leiterschaft – und woher kommt der Leitermangel? Ich bin fest davon überzeugt: Gott hat unendlich viel mehr Christen zu einem leitenden Dienst berufen, als wir uns heute vorstellen können.

Die Angst vor Leiterschaft – und was dahinter steckt

Aus biblischer Sicht sind Leiter Menschen, die andere führen, schützen, ihnen dienen und gemäß ihrer Begabung der Not der Stunde begegnen. Unser Problem ist, daß wir zuwenig Leiter haben. Der Leitermangel ist ganz offensichtlich die Krise Nummer 1 im Leib Jesu. Deshalb gibt es auch nur so wenige und so kleine Herden. Wenn wir Christen vorhaben, die Zukunft unserer Gesellschaft mitzugestalten, so müssen wir neue Prioritäten setzen.

Worin liegt der Grund für diesen chronischen Leitermangel? Eine Ursache ist in unserer »vaterlosen Gesellschaft« zu suchen. Seit Beginn der Industrialisierung, insbesondere aber durch die Aufbau-Generation nach dem zweiten Weltkrieg, führte unsere zunehmend materialistische Einstellung zu einem Vatertypus, der nach dem Motto lebt: »Die Lücken, die ich hinterlasse, füllen mich vollkommen aus.« Denken wir nur an das Heer der alleinerziehenden Mütter! Das fehlende Modell des Vaters, der prägend Entscheidungen zu Hause mittrifft, reduzierte die Möglichkeit, am Vorbild zu lernen. 92,5 Prozent der Bhagwan-Anhänger haben, so sagt uns die Statistik, eine gestörte Vaterbeziehung. Der Vater war passiv oder distanziert, kümmerte sich nicht um die Kinder und hinterließ kein positives Vaterbild. Bhagwan als »Übervater« bot ihnen also eine mystifizierte Projektionsfläche, in der sie ihre Sehnsüchte und Defizite zu kompensieren suchten.

Eine weitere Ursache für den heutigen Leitermangel weist in die jüngere Vergangenheit: Adolf Hitler mißbrauchte mit seinem Dritten Reich auf teuflische Weise das, was wir Menschenführung nennen. Er hat nicht nur damals viele Leiter vernichtet. Das in der Volksseele verankerte Leitertrauma wirkt bis heute weiter. Wenn junge Leute heute das Wort »Leitung«

hören, schaltet ihr inneres Frühwarnsystem die Lampe sofort auf rot. Unweigerlich denken sie an Manipulation und Mißbrauch, an Gleichschaltung und Entmündigung.

Diese Furcht vor jeder Art von Autorität erlebte in den 60er und 70er Jahre durch die Flowerpower- und Friedensbewegung eine Renaissance. Eine ganze Generation verwarf den Gedanken von Leitern als Autoritätspersonen. Von nun an lebte man nach der Devise: »Macht verleitet unweigerlich zu Mißbrauch.« Vertrauensmangel führte dazu, daß man sich lieber totdiskutierte. So begann eine Kultur, in der der Grundsatz galt, daß alle anstehenden Fragen in endlosen (und manchmal endlos nervenden) Debatten ausdiskutiert werden müssen. Diese Lebensphilosophie drang auch ins gemeindliche Leben ein. Die Konsequenz: Schillernde Leiterpersönlichkeiten wurden rar, man hatte sie durch unaufdringliche, angepaßte, diskutierende Leisetreter ersetzt.

Das biblische Leiterschaftsmodell

Die Leiter, die uns trotz dieser Entwicklungen noch blieben, finden wir vorwiegend in zwei Kategorien: Erstens die wohl niemals aussterbenden Unterdrücker, und zweitens das große Heer von Pantoffelhelden. Zwischen diesen Extremen ist positive und unverkrampfte Leiterschaft, wie wir sie heute so dringend brauchen, sehr selten geworden. Genau dieser positiven Leiterebene ist dieses Buch gewidmet. Der ehemalige amerikanische Präsident Dwight D. Eisenhower sagte: »Menschenführung heißt, einen Menschen zu veranlassen, das zu tun, was man will – weil er es selbst will.« Bei dieser konstruktiven Menschenführung findet keine Vergewaltigung und Überforderung statt.

Zu einem guten Leiter werden wir weder durch diktatorische Unterdrückungsallüren (vgl. 1. Petr. 5,1-6) noch dadurch, daß wir zu einem »Mr. Nice Guy« werden, der es allen recht machen will (vgl. 2. Tim. 4,2; Spr. 29,25). Zu einem guten Leiter werden wir auch nicht durch eigene Willensanstrengungen, durch Machtstreben und finanziellen Einfluß (vgl. 1. Petr. 5,1-3). Zu einem guten Leiter werden wir durch das Leiterprinzip Jesu: Autorität durch Dienst.

Einflußreiche Leiter dieser Kategorie sind deshalb anerkannt, weil man ihnen vertraut. Ihr Umgang mit dem Nächsten ist konstruktiv, aufbauend und fair. Ihre Zunge ist Balsam und nicht Gift. Sie finden positive Eigenschaften in anderen und bestätigen diese. Wenn sie kritisieren, ist ihre Kritik konstruktiv. Jesu Jünger fühlten sich angenommen, bestätigt und blühten auf. Aus diesem Grund waren sie zu enormen Leistungen fähig.

Personen, die Gott in leitende Verantwortung beruft, gehören oft zu den unsichersten Menschen. »Wer bin ich, daß ich zum Pharao gehen und die Söhne Israels aus Ägypten herausführen soll?« sagte Mose, als Gott ihn zur Leiterschaft berief (2. Mose 3,1). Und später klagte er: »Ach Herr! Ich bin kein redegewandter Mann, weder seit gestern noch seit vorgestern noch seitdem du zu deinem Knecht redest, denn unbeholfen ist mein Mund und unbeholfen meine Zunge« (2. Mose 4,10-11).

Gerade das Unscheinbare scheint Gott mit besonderer Vorliebe zu erwählen. Ich habe diese Gesetzmäßigkeit in meinem eigenen Leben studieren können. Von Natur aus gehöre ich keineswegs zu den Menschen, die durch Selbstsicherheit glänzen. Mein Ausgangspunkt auf dem Weg zur Leiterschaft war eine Berufung Gottes – und ein Herz voller Minderwertigkeitsgefühle. Aber ich erlebte die tiefe Wahrheit, die hinter dem Sprichwort steckt: »Eine Reise von tausend Meilen beginnt mit einem einzigen Schritt.« Selbstsicherheit stellte sich bei mir auch nicht über Nacht ein, sondern im Verlauf von vielen mühevollen Schritten, die ich in meinem Leben ging.

Mag es uns auch heute noch an Selbstwertgefühl mangeln – wenn wir unsere Stärke aus unserer Berufung beziehen und in Gottvertrauen wachsen, werden wir früher oder später wie ein Fels in der Brandung stehen. Wünsche dir nicht, ein anderer zu sein, denn Gott hat dich mit gutem Grund so geschaffen, wie du bist. Fange mit dem an, was du hast, und mache den ersten Schritt. Mit der Zeit wirst du dir wie Mose immer mehr zutrauen.

Die Angst vor Fehlern

Angst ist eine uns vom Schöpfer installierte Einrichtung, die zur Erreichung eines Zieles dienen kann. Denken wir nur an Prüfungsängste, die – indem sie über die endokrinen Drüsen Adrenalin freisetzen – uns zur Zielerreichung verhelfen. Realangst läßt uns nach Auswegen, Alternativen suchen, sie hält uns fit, auf Trab und bringt uns voran. Für diese Art von Angst sollten wir Gott dankbar sein, denn wir können an ihr reifen.

Allerdings gibt es nicht nur diese Angst. Bei vielen von uns löst die Angst vor Neuem einen Furchtreflex aus. Sollten wir ihm nachgeben, bedeutet das für uns Stagnation.

Viele Christen scheuen sich, Leitungsverantwortung zu übernehmen, weil sie panische Angst davor haben, folgenschwere Fehler machen zu können. Hast du dir schon einmal klargemacht, daß Fehler auch die Chance zu ungeheuren Entwicklungsmöglichkeiten erschließen? Wir alle haben aus unseren Fehlern mehr gelernt als durch Seminare und Schulungen. Leider gibt es nicht genügend Zeit, um alle Fehler dieser Welt selbst zu machen. Deshalb sollten wir uns darum bemühen, aus den Fehlern anderer zu lernen, ohne sie dabei zu verurteilen.

Interviews mit 120 geistlichen Leitern in den Vereinigten Staaten brachten folgenden bemerkenswerten Befund ans Tageslicht: Als sie gebeten wurden, ihre Fehler mit einem anderen Wort zu beschreiben, wurde von keinem einzigen der Befragten das Wort »Versagen« erwähnt. Statt dessen benutzten sie 27 verschiedene Umschreibungen für die vielen Fehler, die sie gemacht hatten. All diese Umschreibungen verkündeten die folgende Botschaft: Fehler sind eine Lern- und Wachstumshilfe. Eine stolz getragene Niederlage ist doch auch ein Sieg, oder? In Gottes Ausbildungsprogramm wird aus so manchem Fehler ein Sprungbrett für den späteren Erfolg. Die anfänglichen Fehler in Josefs Leben wurden zu seiner Charakterschule, diese wiederum stellte später seine Erfolgsgrundlage dar. Unsere Fehler lassen uns die Grundsätze für eine solide Dienstgrundlage entdecken, denn denen, die Gott lieben, werden alle Dinge zum Besten dienen (Röm. 8,28).

Fehler lassen uns entweder wachsen, reifen, voranschreiten – oder sie verschüchtern uns, machen uns klein und minderwertig. Laß deine Fehler für dich und nicht gegen dich arbeiten. Wenn Gott dich zur Leiterschaft berufen hat, ziehe auf keinen Fall die Handbremse, sondern gehe mutig voran. Falsche Bescheidenheit, die so weit unter uns Christen verbreitet ist, ist nichts anderes als Arbeitsverweigerung. Sie blockiert die Gabe der Leitung. Bist du bereit, deine Führungsrolle als etwas Positives zu sehen?

Mit großem Glauben an ein großes Ziel

Wenn wir große Ziele erreichen wollen, müssen wir mit dem »Unmöglichkeitsdenken« abrechnen.

- Mit einem kleinen Stein einen Riesen erledigen? Unmöglich.
- Jesus soll auferstanden sein? Unmöglich (sagte Thomas).
- Auf dem Mond spazierengehen? Unmöglich.
- Die Mauer zwischen Ost- und Westdeutschland soll fallen? Unmöglich.
- In zweieinhalb Jahren zwei Gemeinden gründen, eine davon mit 350 und die andere mit knapp 100 Mitgliedern? Unmöglich.

Ich habe gelernt, daß zahlreiche Möglichkeiten nicht an den Umständen, sondern an mangelndem Glauben und der Risikoscheu vieler Christen scheiterten. Das Wort »unmöglich« hat verheerende Kraft. Christliche Cafés, Bars, Discos, Medienprojekte scheiterten schon in der Anfangsphase am Unmöglichkeitsdenken. Kleinliches Denken ist Sand im Getriebe des Glaubens. Fruchtloses Wunschdenken bleibt der bittere Nachgeschmack, den das Wort »unmöglich« bei solchen Plänen hervorruft.

Wenn Glaube in Aktion kommt, verschwinden die Gedanken, die das Wort »unmöglich« verursacht hat, wie Nebelschwaden. In dem Moment, wo sich in uns echter Glaube erhebt, streckt der rational erleuchtete Verstand alle Viere von sich. Das Wort »dem Glaubenden ist alles möglich« (Mk. 9,23) kann er nicht verkraften.

Wenn Gott uns selber sagt, daß uns nichts unmöglich ist, liegen gewaltige Möglichkeiten vor uns, sofern wir glauben. Vertrauen wir dem, »der alles hinauszutun vermag, über die Maße mehr, als wir erbitten oder erdenken, gemäß der Kraft, die in uns wirkt« (Eph. 3,20). Unsere Einstellung zu Gott (Gottvertrauen), zu uns selbst (Selbstvertrauen), zu unseren Gaben (Umsetzung), und zu unseren Möglichkeiten ist der Schlüssel zu dem, was wir im Leben erreichen.

Laß dir von Gott eine größere Vision für deinen Lebensrahmen schenken. Vergrößere durch Glauben deine Vision, deine Ziele, dein Selbstbild und dein Gottvertrauen, indem du Jeremia 33,3 praktizierst: »Rufe mich an, dann will ich dir antworten und will dir Großes und Unfaßbares mitteilen, das du nicht kennst.« Dic Grenzen deiner Vision liegen in deinem Glauben. Wieviel möchtest du Gott zutrauen und wieviel dir selbst?

Ich nehme mir immer wieder die Zeit, um im Gebet groß zu denken und groß zu planen. Ich empfehle jedem, dasselbe zu tun. Bei meinen Spaziergängen bitte ich Gott, mich zu inspirieren. Oft male ich mir meinen zukünftigen Dienst aus, stelle mir eine dynamisch wachsende Gemeinde vor, meditiere über Mitarbeiter und deren zukünftige Dienste. In solchen Gebetszeiten bewege ich mich mehr in der Zukunft als in der Gegenwart. Das Resultat ist, daß Gott meinen Glauben beflügelt und für die gegenwärtige Situation mit Zuversicht stärkt.

Glaube – auch gegen den Augenschein

Leiter brauchen eine Siegermentalität. Diese Menschen sagen: »Das schaffe ich, das kann ich, ich werde das schon hinkriegen.« Mit dieser Grundhaltung erreichen sie große Ziele und setzen gewaltige Dinge in Bewegung. Sätze wie »Das kann ich nicht, das schaffe ich nie, das ist nicht mein Job« stammen aus einer Verlierermentalität. Dieser Verlierermentalität liegt letztlich nichts anderes als ein Mangel an Glauben zugrunde. Es hat enorme Bedeutung für unser Leben, welche dieser Einstellungen wir vertreten – denn uns geschieht nach unserem Glauben. Ein Sieger wie der junge verträumte Harfenspieler David hatte die Ich-vermag-alles-Gesinnung: »Ich bin zwar nur ein kleiner Mann mit einem kleinen Stein, aber ich habe das große Plus in meinem Leben, Gott.« Davids Glauben machte ihn zum Sieger über Goliath und versetzte einige Problemberge im Volk Israel.

Bevor vor drei Jahren unsere erste Gemeinde in Frankfurt gegründet wurde, begann ich damit, einen Hauskreis aufzubauen. Dieser wuchs auf etwa 20 Mitglieder an, von denen ein Großteil erst gerade zum Glauben gekommen war. Einige der Hauskreisbesucher waren seelisch angeschlagene Personen, die zwar mehr oder weniger regelmäßig in den Hauskreis kamen, aber aus unterschiedlichen Gründen kein Feuer für die Sache Jesu fingen. Einige störten kontinuierlich die Hauskreistreffen; andere wehrten sich mit Händen und Füßen gegen das Wirken des Heiligen Geistes.

Eine Stagnation unserer Arbeit schien vorprogrammiert, als die Person, die ich als »zweiten Mann« betrachtet hatte, mir mitteilte, er wolle diese Verantwortungsposition nicht übernehmen. Obwohl ich tief in meinem Herzen wußte, daß Gott etwas mit diesem Kreis vorhatte, ging ich ziemlich geknickt ins Gebet. Es war enorm, wie Gott mich in dieser Zeit mit neuer Zuversicht und Glauben für den Hauskreis erfüllte. Die tiefe Überzeugung, daß ich alles vermag durch den, der mich mächtig macht, pflanzte sich tief und unerschütterlich in mein Bewußtsein. Ich fing an, mit »Augen des Glaubens« einen dynamischen Hauskreis zu sehen, der auf 30-40 Personen anwuchs. Tiefer innerer Friede erfüllte mich, denn ich ahnte, daß etwas geschehen würde.

Und es geschah tatsächlich etwas: Mein Hauskreis fing an zu schrumpfen! Trotz dieses Vorgangs nahmen der Friede und die Glaubensgewißheit in mir zu. All die Personen, die zur Störung beitrugen, verließen den Kreis – einschließlich derer, die sich vehement gegen Gottes Wirken gestellt hatten. Plötzlich, wie aus heiterem Himmel, strömten neue Personen in unsere Gruppe, und der Heilige Geist hatte auf einmal gewaltige Handlungsmöglichkeiten.

Ich erinnere mich noch gut daran, wie ich bei einem unserer Treffen Gott bat, seinen Heiligen Geist auf uns auszugießen.

Es geschah etwas, was vorher noch nie in unserer Gruppe passiert war: Die Herrlichkeit Gottes befand sich plötzlich mitten in meinem Wohnzimmer, der Friede Gottes legte sich deutlich sichtbar auf alle Teilnehmer. Einige Personen fielen unter der Kraft Gottes in die Bücherregale, natürlich ohne sich zu verletzen, andere lagen singend und lachend auf dem Boden. Bei einer Teilnehmerin manifestierte sich ein Dämon, der im Hauskreis ausgetrieben wurde. In fast jedem der folgenden Treffen erlebten wir seelische und körperliche Heilungen.

Der Moment war gekommen, wo unser Hauskreis so groß geworden war, daß wir zwei neue Gruppen starten mußten.

Der »kleine Mann« ist gefragt

Ich bin zutiefst davon überzeugt, daß wir in absehbarer Zeit große geistliche Durchbrüche und Erweckung erleben werden, wenn der »kleine Mann« (und die »kleine Frau«) ein neues, vom Heiligen Geist getauftes Selbstbild erhält. Ich glaube, daß in den kommenden geistlichen Umwälzungen christliche »Megastars« nicht das Führungsmonopol haben. Allzuoft gab und gibt es interessante Konferenzen, bei denen jedes Mal ein anderer Glaubensgigant den geistlichen Bambi überreicht bekommt. Tausende von passiven Beobachtern staunen, aber verharren in dem tödlichen Ich-selbst-vermag-es-nicht-Geist.

Vor einiger Zeit fiel mein Blick beim Bibelstudium auf Joel 4,9. Dort heißt es: »Ruf dies unter den Nationen aus, heiligt einen Krieg, erweckt die Helden.« Wir leben in einer Stunde, wo diese Helden – die Leiter – geweckt werden müssen, und zwar mit vereinten Kräften. In Vers 11 ruft Joel allen unsicheren und zögernden potentiellen Leitern zu: »Der Schwache sage: ‚Ich bin ein Held'.«

In unserer Zeit kann und soll sich keiner mehr auf seinen Schwächen ausruhen, denn der Geist Gottes reißt uns das Ruhekissen weg und sagt: »Steh auf, mein Held.« Heldentum ist eine geistliche Grundhaltung. Als ich den Vers zum ersten Mal las, sagte ich laut: »Vater, ich danke dir, daß ich ein Held bin. Danke, daß du mich eben zum Ritter geschlagen hast. Ich weiß, daß ich alles durch den vermag, der mich mächtig macht, Christus. Deine überschwengliche Größe und Macht wird an mir sichtbar. Ich bin in dir zur Fülle gebracht« (Kol. 2,8).

Anschließend stellte ich Gott die Frage: »Herr, was habe ich eigentlich als Held zu tun?« Die Antwort kam prompt: »Erwecke die Helden« (Joel 4,9).

Wie Helden gezähmt werden

Junge Elefanten sind fröhliche, verspielte Lebewesen voller Energie und Lebensfreude – bis sie eines Tages ein dickes Drahtseil ans Bein bekommen. Zunächst wehrt sich der Elefant gegen diesen Versuch, gebändigt zu werden. Er reißt sich wund, bis seine Haut blutdurchtränkt ist. Nach einigen Wochen hat er dann den begrenzten Lebensrahmen akzeptiert und verinnerlicht. Ein halbes Jahr später ist seine verspielte, lebensfrohe Haltung dahin. Dicke Tränensäcke und Sorgenfalten haben sich gebildet. Jetzt kommt der Tag, an dem ein kleines Mädchen, das wesentlich dünner als eines seiner Beine ist, den Elefanten mit einem dünnen Bindfaden führt. Die geballte Kraft, Größe, Würde, Stärke, Lebensfreude und Freiheit wird jetzt durch einen kleinen Faden gebändigt!

Geht es nicht vielen von uns wie diesem Elefanten? Ein Baby wird mit einem gewaltigen Potential an Erwartung, Enthusiasmus und Freude geboren, das in den Kinderjahren zur vollen Entfaltung kommt. Mirjana, meine dreijährige Tochter, ist grundsätzlich für alles Gute und allen Blödsinn dieser Welt zu begeistern. Wenn wir erwachsen werden, beginnen Ernst und Desillusionierung in uns Raum zu gewinnen, da Ängste, Schuldgefühle und Verschüchterungen ihre Spuren bei uns hinterließen. Wir verlieren etwas von den kindlichen Qualitäten einer positiven Glaubenskraft, die Jesus meinte, als er sagte: »Wenn ihr nicht werdet wie die Kinder ...« (Lk. 18,17).

Einer dieser Fäden, durch die wir gebunden werden, heißt Tradition: »Es war so, es wird immer so sein.« Ein anderer heißt Erwartungslosigkeit: »Ich kann es einfach nicht«. Ein anderer heißt Minderwertigkeit und trägt die Aufschrift: »Meine Kraft ist ja so klein. Wieder ein anderer Faden wurde aus folgenden Gedanken gesponnen: »Gott benutzt Megastars, aber eine kleine, normale Person wie mich sicher nicht.« Helden werden erweckt, indem alle diese Fäden gekappt werden. Durch Glauben und Hoffnung bekommen wir die Begeisterung und Kraft zurück, die uns zu Siegern macht.

Als Sieger leben – auch in Krisen

Sieger sind zielstrebig. Sie investieren ihre Kraft und ihre Talente in ein Ziel, für das es sich lohnt, zu leben und zu sterben. Sie setzen alles daran, ihre Ziele zu erreichen. Der Jugendevangelist Bernhard Rebsch ist für mich ein herausragendes Beispiel für eine solche Siegermentalität – gerade weil sich bei ihm zeigt, daß sich diese Haltung auch angesichts von schweren Schicksalsschlägen bewährt.

Bernhard Rebsch verstand es wie kaum ein zweiter, Jugendliche zu begeistern und in Scharen zu Jesus zu führen. Auch ich gehörte zu den privilegierten Teenies, die durch seine überzeugende und packende Botschaft tief bewegt wurden. Ich erinnere mich noch genau an den Abend, an dem er predigte und ich beschloß, ganze Sache mit Jesus zu machen.

Bei einem schweren Autounfall verlor Bernhard später ein Bein. Sein Gedächtnis und sein Gesicht, seine Zähne und sein Kiefer waren zertrümmert. Mit vielfältigen Frakturen und Blutungen lag er sehr lange im Koma, und man dachte schon, er werde als Apalliker (Gehirnloser) enden, wenn die lebenserhaltende Technik eingeschaltet bliebe.

Als die Technik schließlich ausgeschaltet wurde, begann sein »zweites« Leben. Langsam wuchsen die Knochen zusammen, und hartes Gedächtnistraining brachte einen großen Teil der Worte zurück. Als ich ihn das letzte Mal sah, war er singend mit einem Fahrrad zu einer Jugendversammlung gekommen. Daß er, durch den Unfall verursacht, meinen Namen nicht mehr wußte, war nicht so wichtig – denn von diesem Mann strömte mir so viel Liebe und Annahme entgegen, daß ich mich nicht mehr halten konnte und zu weinen begann. Alles an diesem außergewöhnlichen Leiter war durch seine schweren Erfahrungen gewachsen: die tiefe Liebe zu Gott und zu den Menschen, die Sprache, die Fähigkeit, mit Beinprothese zu gehen und Fahrrad zu fahren, in Liebe zu ermutigen und zu bestätigen.

Trotz Wortfindungsstörungen hielt er eine inspirierende Predigt voller Kraft und Salbung. Bernhard hat nichts von seinem alten Feuer eingebüßt. Die göttliche Flamme in seinem Leben brennt stärker als je zuvor. Aufrichtige Hingabe, Beharrlichkeit, vor allem eine unbändige Entschlossenheit, in der Nähe Jesu zu sein, machen ihn zu einem Helden. Zielstrebig setzte er alles, was er nach dem Unfall noch hatte, für ein lohnendes, erstrebenswertes Ziel ein – Gott zu dienen. Worte wie »Ich schaffe es nicht, ich kann es nicht« scheinen in seinem Vokabular nicht zu existieren.

Ein altes Sprichwort lautet: »Das Leben ist ein Schleifstein. Ob es dich zermalmt oder poliert, hängt vom Material ab, aus dem du gemacht bist.« Bernhard Rebsch ist ein großer Sieger, dessen Glauben nicht unter die Räder kam, sondern poliert wurde. Mir und vielen ist er zum Vorbild geworden.

Glaube gibt uns die Kraft, das, was uns unmöglich erscheint, zu versuchen. Gott fordert uns auf, Helden zu werden, zu wachsen und nicht zu welken. Ich glaube, daß er einer Leitergeneration, zu der du gehörst, zuruft, mehr zu werden, als du bisher warst, mehr zu glauben, als du bisher geglaubt hast, größer zu handeln, als du bisher gehandelt hast. Allein schon der heutige Tag bietet jedem von uns enorme Aussichten und Entfaltungsmöglichkeiten.

Entwickle die Haltung eines Siegers, denn du bist ein Held. Die Bibel ist voller Berichte über Menschen, die trotz Benachteiligung und schwieriger Verhältnisse zu Siegern heranreiften, weil sie alle das gewisse Etwas in ihrem Leben hatten – Gott. Durch ihn waren sie in der Lage, die lähmenden »Unmöglichkeits-Fäden« zu zerreissen, um in ihre wahre Berufung zu gelangen.

Bevor wir uns ausführlicher mit den Prinzipien der Leiterschaft beschäftigen, möchte ich sechs verschiedene Mißverständnisse beschreiben, die in der Gemeinde Jesu weit verbreitet sind. Diese falschen Leiterbilder gehören zu den Ursachen, warum sich viele Christen bei diesem Thema so schwer tun.

Mißverständnis Nr. 1:

Die Eier legende Wollmilchsau

Dieser Leitertyp ist ein geistlicher »Hans Dampf in allen Gassen«, der gleichzeitig Eier legt, Wolle produziert, Milch hervorbringt und Fleisch liefert. Er sagt: »Wenn ich vier Hände hätte, würde ich keinen von euch brauchen. Mich müßte es gleich zweimal geben, dann wäre allen geholfen. Bringt mich irgendwo hin – ich werde überall gebraucht.«

Vielleicht fehlen uns die zwei zusätzlichen Hände sowie das Duplikat unserer Selbst deshalb, weil Gott möchte, daß wir demütig werden und damit aufhören, selbst den lieben Herrgott zu spielen!

Werner, ein junger Leiter, lebte konsequent nach diesem Prinzip. Sonntags stellte er die Stühle selber auf, zündete die Kerzen an und leitete das Vorgebet, wobei er 80 Prozent aller Gebete selber sprach. Unüberhörbar und unübersehbar hatte der Eifer um das Haus der Herrn ihn gepackt. Soweit es nur irgendwie möglich war, kümmerte er sich um jeden Menschen, der neu in den Gottesdienst kam. Werner erledigte in der Gemeinde fast alle Verwaltungsarbeit, die anfiel. Obendrein war er der größte Spender der Gruppe. Und schließlich war er für jeden, der ein Problem hatte, ein geduldiger Seelsorger.

Die Opfer, die seine Lebensphilosophie von ihm abverlangte, waren groß. Auf dem Altar der Gemeinde wäre beinahe seine ganze Familie geopfert worden. Seine Kinder wurden zunehmend rebellisch, und der Vorwurf seiner Familie traf ihn immer härter: »Du hast Zeit für Gott und die Welt, aber für uns nicht.«

Mitglieder seiner Gruppe, die starke Persönlichkeiten waren und viel Eigeninitiative an den Tag legten, fingen ebenfalls an zu rebellieren. Das ihnen von ihrem Leiter zugewiesene Aufgabengebiet erschien ihnen einfach zu eng und zu wenig herausfordernd.

Als Leiter fühlte sich Werner von allen Seiten zunehmend unter Druck gesetzt. Statt seinen verzweifelten Versuch, die Eier legende Wollmilchsau zu spielen, aufzugeben, gab er schließlich seinen gesamten Dienst auf – ein wertvoller Leiter war der Gemeinde verlorengegangen!

Ein anderer Leiter, der lange Jahre wie Werner am Unersetzlichkeitssyndrom gelitten hatte – ich nenne ihn Mike –, war dagegen in der Lage, sein Leiterverständnis zu korrigieren. Er fing an, ganze Arbeitsbereiche an andere Personen zu delegieren, und beschränkte sich selbst konsequent auf die Aufgaben, zu denen Gott ihn berufen hatte. In dem Moment, wo Mike dieses neue Konzept ausprobierte, begann seine Gruppe zu wachsen, während er sich langsam von dem Streß seiner alten Dienstauffassung zu erholen begann. Heute sagt er: »Ich bin Gott so dankbar, daß er mir gezeigt hat, daß ich kein Alleskönner bin. Jetzt habe ich den Eindruck, daß ich ihm wirklich effektiv dienen kann.«

Die große Gefahr von Leitern, die Gott sehr vielseitig begabt hat, ist die, daß sie dazu neigen, alles selbst zu machen – statt ihre Priorität darin zu sehen, andere Christen zum Dienst anzuleiten. Da sie fest davon überzeugt sind, letztlich könne keiner die Aufgabe so gut wahrnehmen wie sie selbst, finden ihre Mitarbeiter kaum den Rahmen, in dem sie sich einbringen und geistlich wachsen können.

Solche Multitalente sind immer in der Gefahr, sich zu verzetteln. Schon Spurgeon sagte: »Ein Löwe jagt keine kleinen Mäuse.« Ein Ozeandampfer durchkreuzt nicht die Weltmeere, um leere Bierflaschen einzusammeln. Der Hirte eines Hauskreises oder einer Gemeinde sollte nicht in der Herde stehen, um den Schafen Milch zu geben. Die Milch für die Lämmer wird ja bereits durch die Mutterschafe hervorgebracht. Ein Leiter sollte sich nicht im Detail verlieren, da ihm sonst leicht der Gesamtüberblick verloren gehen kann, der Leiterschaft ausmacht. Das Konzept der Eier legenden Wollmilchsau nährt fast zwangsläufig das zweite Mißverständnis christlicher Leiterschaft: aktiver Leiter – passive Schafe.

Mißverständnis Nr. 2 :

Aktiver Leiter – passive Schafe

Ein Hirte, der sich als Eier legende Wollmilchsau versteht, trägt, auch wenn er das Gegenteil will, dazu bei, daß seine Schafe immer passiver werden. Und dieses Konzept führt langfristig mit ziemlicher Sicherheit zum Tod einer Gruppe oder gar einer ganzen Gemeinde.

Pfarrer Schmidt steht immer unter Streß, denn er muß auf jedem Geburtstag bei Gemeindemitgliedern über 60 erscheinen, bei jedem Kaffekränzchen ein nettes Wort sprechen (und aufpassen, daß er beim Händeschütteln nicht eine Hand vergißt). Bei unendlich vielen Beerdigungen derer, die nie zur Kirche kamen, zahlreichen Trauungen, Taufen, Gesprächsstunden, Religionsunterreicht, Sprechzeiten sowie etlichen unvorhergesehenen Konfliktlösungen erwarten die Schafe die Präsenz und das volle Engagement ihres Pfarrers.

In diesem Fall ist es nicht die Unersetzlichkeitsneurose, sondern die vorgegebene Rollenerwartung der Gemeinde, die ihm das Bild »Aktiver Leiter – passive Schafe« so lange aufzwang, bis er es schließlich selbst verinnerlicht hatte. Mittlerweile findet er diese Rollenverteilung auch »ganz normal«.

Der Gedanke, daß die Mitglieder den größten Teil der gemeindlichen Arbeit selbst erledigen können, liegt nicht im klassischen Dienstverständnis seiner Gemeinde (ein Phänomen, das insbesondere die Großkirchen prägt). Die Haltung: »Ich könnte zwar mehr Mitarbeiter gebrauchen, aber ich könnte sie ja überfordern« wirkt sich verheerend auf das Gemeindeleben aus. Überarbeitete Pastoren und passive Schafe sind immer das Resultat eines falschen Gemeindeverständnisses.

Eines der Motive, die hinter diesem Leitungsstil stehen, ist ein unbefriedigtes Anerkennungsbedürfnis. Man braucht die Unselbständigkeit des anderen, um sein eigenes Selbstbewußtsein zu mästen. Hier scheint eine der vielschichtigen Ursache zu liegen, warum man schließlich ein von Überholungsängsten geplagter Machtmensch wird, der sich unweigerlich totarbeitet.

Aber es gibt auch noch andere Ursachen:

- der Erwartungsdruck der Gruppe durch ein bestimmtes Rollenverständnis
- man hat es selber nicht anders gelernt (falsches Vorbild)
- Angst, Mitarbeiter mit Aufgaben zu überfordern
- Angst, Verantwortung abzugeben, da man es den Mitarbeitern nicht zutraut
- Angst, von Mitarbeitern überholt zu werden.

Was kann in dieser Situation getan werden?

- Abbau von unbegründeten Überholungsängsten
- Erkennen, daß man ein begabter Leiter ist, der es nicht nötig hat, zu beweisen, wer er ist
- Vertrauen in die Mitarbeiter entwickeln und investieren
- statt aktiver Leiter mit passiven Schafen, aktiver Trainer mit aktiven Schafen
- Umdenken, denn Delegieren und Abgeben bedeutet Wachstum der Gruppe, Entlastung für den Leiter und Erledigung von noch mehr Aufgaben
- sich entspannen, nicht überarbeiten.

Mißverständnis Nr. 3:
Demokratie um jeden Preis

Wahrscheinlich löst die Tatsache, daß ich diesen Punkt erwähne, einige Kontroversen aus, da es an dieser Stelle unterschiedliche Vorstellungen gibt. Trotzdem möchte ich mein Verständnis in einem einfachen Bild zusammenfassen. Ein Schaf sollte immer von einem Hirten geleitet werden – und nicht der Hirte von den Schafen. Ich habe noch nie eine Herde gesehen, die einen Hirten leitet!

Was in der Natur nicht möglich ist, war jedoch in einer Gemeinde, in der ich vor etlichen Jahren Mitarbeiter war, an der Tagesordnung. In einem viel zu großen Mitarbeiterkreis mußten wir zu einmütigen Entscheidungen kommen. Bei dem unerschöpflichen Diskussionspingpong und den nervenden Endlosdebatten, die diesen Kreis prägten, hatten nach einiger Zeit fast alle Mitarbeiter ein unbehagliches Gefühl. Ohne klare Leitung endete diese Arbeitsweise in einem Zerrüttungsprinzip, bei dem am Ende nur einzelne Märtyrertypen durchhielten.

Ich erinnere mich noch gut daran, wie wir einmal nach einer solchen Diskussionsrunde verärgert in unserer Küche weiterstritten. Ein Theologiestudent war so aufgebracht, daß ich ihm am liebsten 20 Milligramm Valium oder ein starkes blutdrucksenkendes Mittel verabreicht hätte. Da uns in der folgenden Woche wieder eine Endlosdebatte bevorstand, hatten einige schon vor dem Treffen Magenschmerzen, während ein anderer beschloß, gar nicht erst zu erscheinen. Viele von uns bekamen damals ein regelrechtes Sitzungstrauma. Das Thema unserer überhitzten Debatte war eigentlich ein ganz positiver Anlaß gewesen: Es ging darum, wo wir als Gemeinde den gemeinsamen Sommerurlaub verbringen wollten!

Heute haben wir in unserer Gemeinde einen überschaubaren Ältestenkreis, der die Gesamtlinie der Gemeinde positiv vertritt und kommuniziert. Ihm ist eine Leitungsebene vorgeschaltet, die für die Politik der Gemeinde zuständig ist. Auf der Ältestenebene wird dann die vorgeschlagene Linie gefiltert, reflektiert und das Endresultat weiter kommuniziert. Die beiden Gemeindeleiter – mein Freund Rudi Pinke und ich – haben in unseren Gemeinden das letzte Wort, von dem wir allerdings nur sehr selten Gebrauch machen.

Unabdingbar ist, daß ein Leiter das Vertrauen der Gruppe hat. Ein diktatorischer Leiter befiehlt. Er sagt: »Mach deine Arbeit.« Der konstruktive, positive Leiter, der das Vertrauen seiner Mitarbeiter genießt, sagt dagegen: »Komm, laß uns unsere Arbeit machen.« Ein Diktator kommandiert und diktiert, wogegen gute Leiter den Mitarbeitern zeigen, wie sie ihre Aufgaben lösen können. Leiter der zweiten Kategorie haben echte Autorität, wogegen das autoritäre Gehabe im ersten Fall nicht mit wirklicher Autorität verwechselt werden sollte.

Natürlich erfordert jede Situation ihren spezifischen Führungsstil. So kann beispielsweise der diktatorische Führungsstil, der durch wenig Sitzungen und viel Befehl gekennzeichnet ist, im Operationssaal oder im Schützengraben sehr sinnvoll sein. In solchen Situationen wird kaum einer der Beteiligten an langen Komiteesitzungen interessiert sein.

Mißverständnis Nr. 4:
Der Leiter als Workaholiker

Vor einigen Jahren stellte ich fest, daß ich wie so viele Leiter zum »Workaholiker« für den Herrn geworden war. In allen Lebensbereichen zeigten sich Anzeichen von Streß, so daß ich anfing, mir gründlich Gedanken über das Thema zu machen und mein Leben zu revidieren.

Was treibt uns Menschen zu enormen Leistungen in Gemeinde und Beruf an? Was stiehlt uns die kostbare Familienzeit und läßt uns bis zum Infarkt rackern? Die Liebe Gottes? Nein.

Die Antwort lautet: Wir leisten, um geliebt zu werden. Das Erziehungskonzept unserer Leistungsgesellschaft besagt, daß wir nur dann liebenswert sind, wenn wir Großes leisten. Man lebt nach der Devise: »Schaffe, schaffe, Häusle bauen, Hund abschaffen, selber bellen.« Als der Evangelist Wilhelm Busch auf einem Grabstein den rührseligen Spruch las: »Nur Arbeit war sein Leben«, kommentierte er: »Leute, das ist doch ein Grabstein für einen Gaul, aber nicht für einen Menschen!« Offensichtlich akzeptiert unsere Leistungsgesellschaft nur eine Form des Selbstmordes: den Tod durch Überarbeitung.

Gott schuf uns Leiter nicht, damit wir wie ein Galeerensklave Tag und Nacht ohne Feiertage rudern, bis der Streß uns heimholt. Leider gibt es dieses Leistungsdenken auch in christlichen Kreisen. Kaum ein Leiter ist frei davon. Fromm umetikettiert nennen wir es »Hingabe«. Diese Art von Hingabe entsteht durch ein überstarkes Anerkennungsbedürfnis unsererseits, das wir Gott und den Mitmenschen entgegenbringen.

Wir leiden am »Martha-Syndrom« (vgl. Lk. 10,38-42). Genau so wenig wie wir uns dem Nikotin hinzugeben brauchen, muß kein Christ sein Leben einer Macher- oder Workaholic-Karriere opfern. Die Liebe Gottes ist bedingungslos. Sie hängt nicht von unseren Leistungen und unserem Status ab. Keiner von uns braucht vor Gott eine Statusneurose zu haben, bloß weil er ist, wer er ist.

Bin ich gerade dabei, auszubrennen?

Gerade junge Menschen neigen dazu, diese Frage zu verdrängen. Tue es bitte nicht. Untersuchungen belegen, daß viele junge Leute bereits im Alter von 30 Jahren ihren Zielen mit einer solchen Hingabe verfallen sind, daß man es schon fast besessen nennen könnte. Der Anspruch an die eigene Person ist zu hoch – und die Ziele sind zu eng gesteckt. Vielleicht wurde ein Ziel, das man mit fieberhaftem Eifer anstrebte, nicht erreicht. Es kommt früher oder später zum psychischen Kollaps, einem Zustand seelischer Apathie und Passivität. Zurück bleiben Hoffnungslosigkeit und Frustration. Zu guterletzt sind wir dann auch geistlich am Ende. Unser seelischer Brennwert liegt fast bei Null. Es wird nichts mehr umgesetzt, denn unsere Brennstoffreserven, die uns einmal dynamisch und attraktiv machten, sind aufgebraucht. Depression, Antriebslosigkeit und Stillstand sind die Folgen.

Untersuchungen zum Thema beweisen, daß permanenter Streß und Erschöpfung oft Hand in Hand mit einer Abhängigkeit von Beruhigungsmitteln und Alkohol einhergehen. Interessant ist, daß häufig gerade willensstarke, entschlossene Persönlichkeiten, die normalerweise der Kategorie »positive Enthusiasten« zuzuordnen sind, ihrem Perfektionismus hilflos erlegen zu sein scheinen. Unzählige der besten Männer und Frauen, die Gott in leitende Verantwortung berufen hat, brennen bei der Durchführung ihres Dienstes aus. Für alle ist es eine harte Grenzerfahrung der Leere, Depression und Angst.

»Burn out« in der Bibel

Auch in der Bibel gibt es einschlägiges Anschauungsmaterial für ausgebrannte Leiter. Denken wir nur an die schillernde

Gestalt eines Elia, der als Folge von zu starkem Streß zu Übertreibung und negativem Denken neigte. »Ich allein bin übriggeblieben als Prophet des Herrn, aber die Propheten des Baal sind 450 Mann« (1. Kön. 18,22). Nach der großen Schlacht, einem Schaukampf besonderer Art, der auf dem Berge Karmel stattfand, und den daraus resultierenden Morddrohungen Isebels, versank Elia in Lethargie und Depression. Er war nervlich, emotional und geistlich ausgebrannt. Dunkle Todesgedanken stiegen in ihm auf. In 1. Könige 19,4-7 lesen wir: »Er selbst aber ging in die Wüste eine Tagesreise weit und kam und ließ sich unter einem Ginsterstrauch nieder. Da wünschte er sich, sterben zu können und sagte: ‚Es ist genug. Nun, Herr, nimm mein Leben hin! Denn ich bin nicht besser als meine Väter.' Da legte er sich nieder und schlief unter einem Ginsterstrauch ein. Und siehe da, ein Engel rührte ihn an und sprach zu ihm: ‚Steh auf und iß!' Und als er aufblickte, siehe, da lag neben seinem Kopf ein Brotfladen ... Und er aß und trank und legte sich wieder hin.«

Diese Geschichte zeigt uns deutlich: Gottes gute Absichten zielen auf Regeneration und Wiederherstellung.

Mose, ein Mann mit einem gewaltigen Leiterpotential, brannte unter der Belastung, die die Leitung eines Volkes mit sich brachte, nahezu aus. Auch die robustesten Naturen kommen irgendwann an ihre Grenzen. In dieser Verfassung gibt Mose Gott die Schuld an seinem überarbeiteten Zustand. Im 4. Mose 11,11-12 sagt er: »Warum hast du an deinem Knecht so schlecht gehandelt und warum habe ich nicht in deinen Augen Gunst gefunden, daß du die Last dieses ganzen Volkes auf mich legst? Bin ich etwa mit dem ganzen Volk schwanger gewesen?«

Die Tendenz, alles selber zu machen und immer Herr der Lage sein zu müssen, leitet sich von einem meist unrealistischen Erwartungsdruck ab. Gott macht Mose mit dem Prinzip des Delegierens vertraut und hilft ihm so, aus der Streßzone herauszukommen. Zu starker Streß bewirkt entweder Selbstablehnung, Autoaggression – also eine Bewegung, die sich gegen mich selbst richtet, wie wir es am Beispiel des Elia sehen – oder eine nach außen gerichtete Reaktion der Rebellion, wie wir am Beispiel des Mose erkennen.

Mißverständnis Nr. 5:
Ein Leiter muß immer kritisch sein

Vor einiger Zeit wurde ich in eine kleine Gruppe als Redner eingeladen. Schon als ich den Raum betrat, hatte ich das Gefühl, in eine geistliche Tiefkühltruhe zu klettern. »Woher kommt diese Eiseskälte?« fragte ich mich. Ich konnte diese Frage auch vom Gesicht meines Mitarbeiters, der mich begleitete, ablesen.

Man hatte uns nicht herzlich empfangen, sondern statt dessen unterkühlt mit kritischer Haltung religiöse Fragen gestellt, die uns das Gefühl vermittelten, man sei nicht sicher, ob man mit uns die richtige Wahl getroffen hätte. Allmählich fiel mir auf, daß die Gruppe sich genauso wie ihre Leiter verhielt: kritisch sein war »in«, alles mußte hinterfragt werden. Offensichtlich reflektierte die Herde die Leiterschaft – und umgekehrt.

Die humorvollen Einlagen, mit denen ich versuchte, die sterile Steifheit aufzuweichen, prallte an den jungen, ernst und freudlos dreinschauenden Gesichtern ab. Meine Lage schien sich nur noch zu verschlimmern. Die einzigen Menschen, die mir unterstützend zunickten, waren mein Mitarbeiter und die Person, die mich eingeladen hatte. Innerlich betete ich: »Herr, laß es bald vorbei sein.« Der kritische Geist machte diese Menschen zu einer kleinen, freudlosen und ausgesprochen unattraktiven Gruppe.

Die Kraft positiver Motivation

Obwohl jeder Ehemann, jeder Vorgesetzte, jeder Leiter um die Kraft der positiven Motivation weiß, ist es in vielen Kreisen immer noch ganz »normal«, durch permanente Kritik zu demotivieren. Oft kritisieren Leiter schon durch ihre Ausstrahlung. Durch Ironie erreicht man seine Ich-Stabilität. Der Mechanismus ist folgender: Indem ich andere abwerte, fühle ich mich selbst innerlich aufgewertet. Bedeutungsmangel und Minderwertigkeitsgefühle werden auf diese Weise vorübergehend verdrängt. Oft haben wir es bei solchen Leuten mit belehrenden Typen zu tun, die ihren Mitarbeitern ständig zeigen, was sie alles falsch machen.

Meditieren wir doch einmal einige Minuten über die destruktive Kraft permanenter Kritik. Was erreicht man denn wirklich durch Kritik?

- fruchtloses Vorwurfspingpong
- schlechtes Arbeitsklima
- verunsicherte Mitarbeiter
- überflüssige Rechtfertigungsvorträge
- Aggression und Feindschaft
- Lustlosigkeit und Desinteresse
- Angst vor neuen Verletzungen
- enorme Energieverluste durch Gegenkritik
- mangelnde Loyalität und Hingabe seitens der Mitarbeiter.

Saure Miene und Bitterkeit sind keine guten Evangelisten. Generell läßt sich sagen: Durch ständige Kritik erreichen wir genau das Gegenteil dessen, was wir ursprünglich beabsichtigten. Warum dann so weitermachen wie bisher? Wie könnte eine Alternative aussehen?

- Frage dich immer: »Was wird meine Kritik erreichen?«
- Bevor du jemanden kritisierst, mache den »Splitter-Balken-Test« Jesu (vgl. Mt. 7,1-5).
- Überlege, ob nicht doch gute Eigenschaften am anderen oder in den Umständen sind.
- Versuche durch Selbstreflexion dein kritisches Denken zu korrigieren.
- Konzentriere dich mehr darauf, durch Ermutigung zu motivieren.

Mißverständnis Nr. 6:

Der schwache Leiter

Viele unsichere Menschen studieren Psychologie, Pädagogik, Sozialarbeit, Theologie – oder sie besuchen eine Bibelschule. Nach einigen Jahren der Ausbildung befinden sie sich schließlich in einer Leiterposition, in der ihre Schwächen erst recht zum Vorschein kommen. In dieser Situation ist der schwache Leiter leicht überfordert und in der Gefahr, ein Märtyrerbewußtsein zu entwickeln oder übertriebene Demut an den Tag zu legen. Manche schwache Leiter sind so demütig, daß sie für ihren Dienst nicht mehr zu gebrauchen sind!

Ich erinnere mich an einen solchen Leiter, den ich Karl nennen möchte. Ständig entschuldigte er sich für alles und jedes und tat in einem fast routinemäßigen Turnus vor der ganzen Gruppe, die er leitete, Buße. Offenbar erlag Karl einem fatalen religiösen Mißverständnis, daß Leiter einen regelmäßigen Seelenstriptease absolvieren müssen, um geistliche Autorität zu gewinnen.

Zum Beispiel sagte er vor versammelter Mannschaft: »Heute habe ich keine Stille Zeit gemacht. Verzeiht mir. Könnt ihr für mich beten?« Was blieb uns anderes übrig, als für ihn zu beten? Ein anderes Mal sagte er: »Ich habe zu wenig gebetet. Verzeiht mir.« Oft machte er einen auf schwächlich und stümperhaft, um Beachtung und Unterstützung zu gewinnen.

Karl dachte wahrscheinlich, daß seine Autorität wachse, wenn er mit seinen Schwächen glänzte. Das glatte Gegenteil war der Fall. Ich weiß, daß nicht nur ich große Mühe damit hatte, jemanden als meinen Leiter zu akzeptieren, der eher meine Leitung und Hilfe gebraucht hätte! Das Endresultat war, daß seine Autorität so demontiert war, daß keine starke Persönlichkeit ihm folgen wollte. Nur wenige, die offensichtlich Mitleid mit ihm empfanden, blieben ihm noch treu.

Die Leidensmystik des schwachen Leiters

Dieses Bild des schwachen Leiters ist weiter verbreitet, als wir meinen. Viele von ihnen entwickeln in ihrer Position eine regelrechte Leidensmystik. Sie denken zum Beispiel:

- »Ich könnte die Gefühle der Hauskreismitglieder verletzen, deswegen gebe ich lieber klein bei.«
- »Ich habe doch sowieso keine Chance, mit meinem Anliegen durchzukommen.«
- »Ich hoffe, meine Leute werden nicht sauer, wenn ich sie um Hilfe bitte.«

Menschen, die zu schnell nachgeben, haben Angst vor dem Wort nein. Sie werden zu Opfern, die ihr Leben anderen in billiger Weise unterwerfen. Sie lassen sich dazu bewegen, sich Dinge aufzubürden und zu tun, die sie weder tun möchten noch tragen können. Wer sich so verhält, handelt gegen das eigene Interesse, die eigene Berufung und fühlt sich schließlich verärgert, verletzt und ausgebeutet. Wer nicht bereit ist zu kämpfen, wird keinen Sack voll Flöhe hüten können.

Es ist nahezu unmöglich, einen Leiter zu überrennen und zu unterdrücken, der beschlossen hat, sich nicht unterdrücken zu lassen. Es geht gar nicht anders – Leiter müssen sich zeitweise geradezu kämpferisch durchsetzen, um nicht in der Opferrolle zu enden. Mit dieser Rolle verschwindet dann auch das Gefühl, verärgert, verletzt und ausgebeutet zu sein.

Folgende Punkte können denen eine Hilfe sein, die sich in irgendeiner Weise von dieser Beschreibung angesprochen fühlen.

1. Befreie dich von Menschenfurcht. Zum Beispiel können persönliche Zielsetzung (Gottesfurcht statt Menschenfurcht), Gebet und Seelsorge uns helfen, Ängste zu überwinden.
2. Trainiere das Neinsagen. Lerne 3 mal täglich liebevoll, aber bestimmt, nein zu sagen. Belohne dich nach jedem Sieg.
3. Baue übertriebene Demut ab, sofern sie bei dir vorhanden ist.

4. Sei zielorientiert und vertrete klare Linien. Das vermittelt den anderen Sicherheit.
5. Sei überzeugend in Wort und Tat.
6. Entwickle dein Selbstbewußtsein, indem du lernst, zu dir zu stehen.
7. Akzeptiere dich bedingungslos. Lies Psalm 139.
8. Hör auf, negative Dinge über dich zu denken und zu sagen.
9. Sei dankbar für alle Gaben, Möglichkeiten und Fähigkeiten, die du hast – oder auch nicht hast. Denke daran: Leiter werden gemacht und nicht geboren.
10. Lies die Punkte dieses Kapitels noch einmal durch, die für dich von Bedeutung sind. Lese dann gleich im Anschluß das Kapitel »Leiter können nein sagen« (Seite 82). Formuliere im Anschluß deine persönlichen Ziele für die Praxis.

Ein schwacher Leiter kann an sich arbeiten. Allerdings möchte ich niemanden zu einer Leitungsaufgabe überreden, den Gott nicht dazu berufen hat. Solltest du merken, daß Leiterschaft für dich und für andere mehr eine Plage als ein Segen ist, so solltest du ernsthaft überlegen, ob es für dich nicht eine andere Position als die eines Leiters gibt, in der du effektiver, erfolgreicher und glücklicher bist.

Teil 2:

Die 10 Prinzipien der Leiterschaft

Leiter, denen die Menschen folgen, haben »das gewisse Etwas«. Dieses »Etwas«, das ihr Geheimnis ausmacht, ist in Wahrheit kein Mysterium. Es setzt sich aus den verschiedensten und zum größten Teil erlernbaren Prinzipien zusammen. Von diesen Prinzipien handeln die folgenden zehn Kapitel.

Prinzip 1:

Leiter sehen Möglichkeiten, wo andere Hindernisse sehen

Wir Deutschen sind inzwischen ein Volk von Pessimisten geworden. Wir leben in einer Generation, die von der Sucht nach Negativem getrieben wird und schließlich den Folgen dieser selbstgezüchteten Katastrophe erliegt. »Angst und Pessimismus«, so sagte der Hamburger Politologe Michael Neumann, »ist bei der Elite der normale Geisteszustand.«

Intellektuell überzüchtetes kritisches Denken verbaut uns den Weg zu konstruktivem Leiten und Handeln. Leiterschaft funktioniert eigentlich gar nicht ohne Glaube, Hoffnung, Vertrauen und einer positiven, lebensbejahenden Einstellung. Wirkliche Leiter sind frei von einem kritischen Geist, sie malen die Welt nicht in düsteren Farben. Vielmehr sind sie Spezialisten in Sachen Problemlösung. Ich habe noch keine großen, blühenden Hauskreise oder Gemeinden gesehen, die von einem Negativdenker geleitet wurden. Allerdings habe ich schon viele kleine, stagnierende Hauskreise und Gemeinden gesehen, die von einem »kritischen Geist« geleitet wurden, der manchmal anderen, erfolgreicheren Leitern vorwirft, auf billige und unreflektierte Weise (positive) Stimmung zu machen.

Wie negatives Denken überwunden werden kann

In meiner Jugendzeit litt ich an einer sehr negativen, kritischen Lebenseinstellung. Wenn mich meine Mutter einen »chronischen Negativdenker« nannte, dann hatte sie einfach recht. Damals sah ich alles schwarz, verletzte mich selbst, produzierte eine schlechte Schulnote nach der anderen und gab viel zu schnell auf. Heute weiß ich, daß mich die Fehlschläge einfach deshalb trafen, weil ich selbst von meinem Mißerfolg überzeugt war. Ich war innerlich nicht bereit, den Segen zu empfangen, der in einer optimistischen Lebenseinstellung liegt, die vom Glauben an einen guten Gott geprägt ist.

Erst der brennende Wunsch, dieser Sackgasse des Lebens zu entkommen, führte mich zu der Erkenntnis, daß ich meine Geisteshaltung ändern muß. Mein Ziel war klar. Ich entschloß mich, mit Pessimismus, negativem Denken und meinen chronischen Zweifeln zu brechen. Mittlerweile arbeite ich schon etliche Jahre an meiner »gedanklichen Umerziehung« – und das mit verblüffendem Erfolg! Ich bin sehr dankbar für die Entscheidung, die ich damals traf, denn ohne diese Kursänderung wäre ich unmöglich in der Lage gewesen, den Dienst zu tun, zu dem mich Gott berufen hat. Heute weiß ich, wie gut es mir tat, daß ich mich über viele Jahre hinweg bewußt von Menschen und Büchern inspirieren ließ, die eine positive Einstellung zum Leben propagieren.

In Problemen Chancen sehen

Ein bekanntes Sprichwort lautet: »Wie man in den Wald ruft, so schallt es heraus.« Wer Kritik und negatives Denken sät, wird entsprechendes in gewaltig vermehrter Weise ernten. Die Bibel lehrt uns, daß Glaube Berge versetzt. Ich behaupte, Kritik schafft Berge – nämlich Problemberge. Kritik gießt Wasser auf die letzten Hoffnungsflämmchen. Wer dagegen Hoffnung vermittelt, facht den Glauben der Menschen neu an. Eingefleischte Kritiker verlernen nie die Kunst, aus einer Mücke einen Elefanten zu machen.

Wir müssen uns als Leiter darauf spezialisieren, aus Elefanten Mücken zu machen. Wenn Probleme auftauchen, sollten wir sagen: »Probleme sind gut, sie stimulieren unsere Phantasie und fordern uns zu konstruktivem Handeln heraus.« Die Bibel lehrt uns, daß alte, destruktive Denkgewohnheiten Federn lassen müssen, sonst krepieren wir an diesen Mentalgiften. Keiner würde Straßenschmutz in das Schließfach seiner Bank legen. Aber warum dann in die Welt unserer Gedanken?

Nehmen wir uns doch Philipper 4,8 zu Herzen: »Übrigens,

Brüder, alles was wahr, alles was ehrbar, alles was gerecht, alles was rein, alles was liebenswert, alles was wohllautend ist, wenn es irgendeine Tugend und irgendein Lob gibt, das erwägt.«

Inhalieren wir im gleichen Atemzug noch Römer 12,2: »Und seid nicht gleichförmig dieser Welt, sondern werdet verwandelt durch die Erneuerung des Sinnes, daß ihr prüfen möget, was der Wille Gottes ist, das Gute und Wohlgefällige und Vollkommene.«

Betrachten wir einmal das biblische Paradebeispiel für negatives Denken. Im 4. Mose, Kapitel 13 und 14 ist von den Kundschaftern die Rede, die das Land, das Gott dem Volk Israel zugesagt hatte, inspizierten. Sie könnten mit ihrem problemorientierten Denken und ihrem selektiven Blick für das Negative geradezu zeitgemäße Reporter sein, die ja auch heute noch ein glückliches Händchen für Negativschlagzeilen haben. Positive Berichte sind heute wie damals selten eine Meldung wert.

Der Bericht der Kundschafter enthielt im wesentlichen vier Aussagen:

1. Wir sind nicht fähig.
2. Der Feind ist zu stark.
3. Der Feind frißt seine Einwohner.
4. Da gibt es Riesen, wir sind wie Heuschrecken.

Dieser Bericht breitete sich im Volk wie eine Krebsgeschwulst mit vielfachen Metastasen aus. Er transportierte Furcht, Verzagtheit, negatives Denken in die Herzen der Israeliten. In Angstschweiß gebadet fing das Volk an, die ganze Nacht zu schreien. Und schließlich beschlossen sie, wieder nach Ägypten zurückzukehren und sich einen neuen Führer zu suchen.

Dies ist genau der Zustand, in dem sich viele christliche Gruppen heute befinden. Sie sagen: »Wir sind ja nur eine kleine Gruppe, und wir haben kaum Einfluß. Unsere Mitarbeiter sind schwach, laßt uns noch kleinere Brötchen backen.« Negative Bekenntnisse zerstören in autoaggressiver Weise die Macht und Würde einer Gruppe, denn diese Bekenntnisse bekommen Beine und Flügel – und werden schließlich wahr!

Welche ungeheure Macht hinter negativem Denken steckt,

lernte ich auf äußerst unangenehme Weise in einem Hauskreis. Nach einem phantastischen Vorbereitungstreffen, bei dem wir im Gebet durch Zuspruch eine gewaltige Erwartung für den Abend bekommen hatten, kam es an jenem Abend zum Kollaps. Statt in konstruktiver Weise die Erwartung und den Glauben weiter aufzubauen, fing ein Verantwortlicher plötzlich an, einen Schwachpunkt bei der letzten Teilung der Gruppe negativ zu diskutieren. Da alle mithörten, breitete sich mehr und mehr ein »negativer Geist« aus. Positiver Glaube und Erwartung waren wie zwei Seifenblasen zerplatzt. Die ganze Gruppe wirkte niedergeschlagen und frustriert. Das zerschlagene Porzellan konnte ich an jenem Abend nicht mehr zusammenkleben. Der beste Lobpreis war nicht in der Lage, uns aus dem Morast jener negativen Gefühle herauszuholen. Welch eine gewaltige Chance war durch diesen falschen Einstieg vertan worden!

Schon unzählige Male habe ich erlebt: Wir sind gefangen in der Rede unseres Mundes, und was wir fürchten, kommt allzu oft über uns. Ich habe genug Menschen studiert, die immer wieder Kritik und Problemdenken wiederkäuen. Sie erschaffen sich auf diese Weise immer neue Hindernisse, unter denen sie dann auch fürchterlich leiden. In 4. Mose 14,3 wird berichtet, daß das Volk Israel schrie: »Ach, würden wir doch hier in der Wüste sterben oder in Ägypten!« Wo starb das Volk schließlich? Im Kapitel 14,37-38 lesen wir, daß es in der Wüste starb.

Die Ich-vermag-alles-Gesinnung

Die bitteren Wurzeln des negativen Denkens lassen sich nicht so einfach aus einer Seele herausreißen. Solche Wurzeln verdorren nur, wenn man ihnen die entsprechende Geistesnahrung entzieht und konsequent verweigert.

Schauen wir uns erfolgreiche Leiter an. Kaleb und Josua, die das gelobte Land lebend erreichten, hatten einen anderen Bericht als den, den wir eben gehört haben. Nicht umsonst heißt es in 4. Mose 14,24, in Kaleb sei »ein anderer Geist« gewesen. Der Bericht von Kaleb und Josua lautete:

1. Das Land, das wir ausgekundschaftet haben, ist sehr, sehr gutes Land.
2. Der Herr wird uns das Land geben, wo Milch und Honig fließt.
3. Wir werden sie (die Riesen) fressen wie Brot, denn ihr Schutz ist von ihnen gewichen.

Kaleb und Josua verstanden es, das Volk mit Hoffnung aufzubauen. Eine Denkweise, die von Hoffnung und Glauben durchdrungen ist, läßt sich mit einem Schiff vergleichen. Das ganze Meerwasser dieser Welt ist nicht in der Lage, ein Schiff zu kentern, solange wir es verhindern können, daß das Wasser ins Innere des Schiffes eindringt. Ebenso können Ängste, Probleme und Kritik einen Leiter solange nicht zum Kentern bringen, wie er ihnen den Zugang zu seinem Inneren verwehrt. Er muß dafür sorgen, daß dieser Zugang durch Glaube, Hoffnung und Liebe verriegelt bleibt.

Die Bibel ist voller Zusagen, die uns helfen können, diesen Zugang fest verriegelt zu halten:

- »Auch wenn ich wandere im Tal der Todesschatten, fürchte ich kein Unglück, denn du bist bei mir« (Ps. 23,4).
- »Wenn Gott für uns ist, wer ist gegen uns?« (Röm. 8,31).
- »Sehet, ich habe euch Vollmacht gegeben über alle Gewalt des Feindes« (Lk. 10,19).
- »Der Herr ist treu, er wird euch stärken und bewahren« (2. Thess. 3,3).
- »Werdet stark im Herrn und in der Macht seiner Stärke« (Eph. 6,10).
- »Wenn ihr Glauben habt wie ein Senfkorn, so werdet ihr zu diesem Berg sagen: ‚Hebe dich weg von hier dorthin'« (Mt. 17,20)
- »Und nichts wird euch unmöglich sein« (Mt. 17,21).

Mit Aussagen wie diesen sollten wir unser Denken und Fühlen imprägnieren. Wir sollten an einem geistlichen Hirnfilter arbeiten, der nur die positive biblische Denkweise des Glaubens zuläßt.

Josua und Kaleb waren keine religiös überspannten Glaubensfanatiker. Sie waren ganz normale Leiter. Sie hatten die

Ich-vermag-alles-Gesinnung eines Paulus. Josuas Haltung war es nicht, aus Mücken Elefanten zu machen. Er stellte die Lebensumstände nicht schrecklicher dar, als sie waren. Sinngemäß drückte er aus: »Herr, ich danke dir für die Probleme, ich werde sie fressen wie Brot. Je mehr Probleme ich habe, um so stärker werde ich, um so größer wachse ich. Herr, danke für meine Probleme, denn sie stimulieren meine Phantasie, sie aktivieren meinen Glauben. Erst jetzt kommt meine Leitergabe voll zum Einsatz.«

Kritik schafft Problemberge – während Glaube sie versetzt. Leiterschaft hat mit der Einstellung zu tun. Josua sah Möglichkeiten, wo andere Hindernisse sehen. Wie Mose wurde er ein Spezialist in Sachen Problemlösung.

Prinzip 2:

Leiter verbreiten Hoffnung

Da die Menschheit zunehmend zum Pessimismus und zum Unglücklichsein erzogen wird, werden jährlich Tonnen von Aspirin, Valium, Tranxilium und Librium geschluckt. Man lebt nach dem Motto »Depression macht edel«. Da es in den Gemeinden dann oft noch zusätzlichen Druck, Gesetzlichkeit und Entmutigung gibt, drohen viele Christen in der Hoffnungslosigkeit zu ertrinken. Wir sollten aufhören, die Sorgenfalten weiter in den Talar zu bügeln und aus unseren Gemeinden die reinsten Trauerweiden zu machen!

Die Rettung für die eben beschriebene Situation kann nur Hoffnung heißen. Hoffnung, die uns von Gott verschrieben ist, reduziert nicht nur den Pillenkonsum, sie läßt uns auch genesen, gedeihen und aufblühen. Unser Hauptproblem ist, daß jeder von uns sehr schnell dazu neigt, pessimistisch zu werden, während Hoffnung erst erlernt werden will. In den Schulen sollte man ein neues Schulfach namens »Hoffnung« einführen!

Meine Frau Sabine und ich haben wiederholt die Beobachtung gemacht, daß Hoffnungsvermittlung selbst bei scheinbar hoffnungslosen Ehefossilien eine heilende Wirkung entfaltet. Aus tiefer Überzeugung konnten wir in mehreren Fällen den Ehepartnern sagen: »Wir glauben an euch und daran, daß ihr eines Tages in der Lage sein werdet, eine gute und harmonische Ehe zu führen.« Wir haben erfahren, daß echte Hoffnungs- und Glaubensvermittlung der Schlüssel für erste Schritte der Veränderung war. »Wenn ihr nicht an uns geglaubt hättet«, sagte mir neulich noch ein Ehemann, der gemeinsam mit seiner Frau bei uns in der Seelsorge gewesen war, »wären wir in einer Dauerkrise versackt und heute wahrscheinlich nicht mehr zusammen.«

Was Hoffnungslosigkeit bewirkt

Zu Sabine und mir kam einst eine junge Frau in die Seelsorge, die ich Marianne nennen möchte. Mariannes äußeres Erscheinungsbild, das ihr Innenleben widerspiegelte, drückte sich in einer gebeugten, verkrampften Körperhaltung aus. Ihre graue Kleidung und ihr relativ ungepflegtes Äußeres unterstrichen nur noch mehr, daß sie für sich und ihr Leben keine Hoffnung hatte. Der traurige Blick und die angsterfüllten Augen verrieten uns schon im Vorfeld, daß ihr Leben unter dem Zeichen der Ablehnung stand.

Nachdem Marianne tief Luft geholt hatte, um scheinbar all ihre Kräfte zu mobilisieren, bestätigte sie unseren Verdacht, indem sie folgendes sagte: »Keiner liebt mich. Alle lehnen mich ab. Meine Arbeitskollegen, Eltern, Geschwister – nicht einmal meinem geistlichen Leiter scheint etwas an mir zu liegen. Alle sind gegen mich. Sogar meine vorherige Seelsorgerin hatte etwas gegen mich, denn sie ließ mich im Stich. Ich weiß noch nicht einmal, warum ich zu euch gekommen bin. Mein Problem sind starke Ängste, die sich auf alle Lebensbereiche ausweiten.«

Nachdem wir uns ihren Bericht über eine Stunde lang angehört hatten, fing sie aus tiefem Herzen an zu schluchzen. Sabine drückte Marianne fest an sich, und ich legte meinen Arm um sie. Nachdem ein halbes Päckchen Tempotaschentücher verbraucht war, schien es Marianne etwas besser zu gehen.

»Weißt du«, sagte Sabine, »wir glauben dir deine Geschichte. Aber ich muß dir jetzt etwas sagen. Gerade eben bekam ich eine große Hoffnung für dich und deine Situation. Wir und Gott werden dich nicht im Stich lassen.«

Ich fügte hinzu: »Marianne, ich denke, du wirst dein Problem schon bald im Griff haben. Wir haben schon vielen Menschen mit demselben und schlimmeren Problemen helfen können.«

Mariannes Augen fingen an zu leuchten. »Meinst du wirklich?« fragte sie mich.

Ich antwortete: »Ich kann dir einige dieser Menschen in unserer Gemeinde zeigen!«

Es fiel Sabine und mir nicht schwer, Marianne Hoffnung

und Zuversicht zu geben, denn wir konnten ihre Situation gut verstehen. Letzten Endes wurde sie ja ununterbrochen von Selbstablehnung gegeißelt, die ihre Wurzel bereits in Mariannes Kindheit hatte. Wir glaubten fest daran, daß sie es schaffen würde, ihre Denkweise zu ändern. Und schon nach kurzer Zeit erlebten wir verblüffende Veränderungen!

Als Marianne uns das übernächste Mal besuchte, lächelte sie schon an der Tür. Es war nicht zu übersehen, daß sie eine neue Frisur hatte und ein farbenfrohes lila-pinkes Kleid trug. Innerlich jubelten Sabine und ich, denn unsere Hoffnungstherapie hatte einen Erfolgstreffer. Ihr ganzes äußeres Erscheinungsbild und ihr Auftreten drückten Dankbarkeit und Glauben aus. Mit uns feierte sie ihren ersten Sieg über Minderwertigkeitsgefühle und Verzweiflung. Marianne hatte durch Hoffnungsvermittlung und den wiedergewonnenen Glauben an einen guten Gott angefangen, sich auf ihre Größe, Stärke und Würde zu besinnen. Nach vier weiteren Treffen war sie seelisch wieder in der Balance und in der Lage, auf eigenen Beinen zu stehen.

Hoffnungsvermittlung in der Bibel

Als Leiter sind wir im gewissen Sinne Therapeuten, die nie ohne eine Zusatzausbildung in Ermutigung und Hoffnungsvermittlung ihren Dienst an der Menschheit antreten sollten. Leiter in der Bibel verstanden es, Hoffnung zu vermitteln. Hier einige Beispiele:

- Johannes vermittelte eine überwältigende Hoffnung, indem er in Offenbarung 21,1 von einem neuen Himmel und einer neuen Erde sprach.
- Jesus vermittelte Hoffnung, indem er sagte: »Wer an mich glaubt, wie die Schrift sagt, von dessen Leib werden Ströme lebendigen Wassers fließen« (Joh. 7,38).
- In Matthäus 5,14-15 sagte Jesus zu seinen Jüngern: »Ihr seid das Licht der Welt, ihr seid das Salz der Erde.«
- Mose vermittelte ständig Hoffnung, indem er vom gelob-

ten Land sprach. Es blieb ihm ja eigentlich gar nichts anderes übrig, als ein Motivationsexperte zu werden.

- Paulus vermittelte Hoffnung in 1. Korinther 29-31: »... sondern das Törichte der Welt hat Gott erwählt, damit er die Weisen zuschanden mache, und das Schwache der Welt hat Gott auserwählt, damit er das Starke zuschanden mache. Und das Unedle der Welt und das Verachtete hat Gott erwählt, das was nicht ist, damit er das, was ist, zunichte mache.« Diese Art von Ermutigung motiviert ungemein.
- David war ein herausragender Hoffnungsexperte, der sich und andere mit Hoffnung erfolgreich zu therapieren verstand.
- Jesaja verdanken wir einen vielzitierten Hoffnungsvers. Er sagt: »Siehe, ich wirke Neues. Jetzt sproßt es auf. Erkennt ihr es nicht? Ja, ich lege durch die Wüste einen Weg, Ströme durch die Einöde« (Jes. 43,19).

Hoffnungsvermittlung praktisch

Vor jedem Treffen der 29 Hauskreise unserer Gemeinden haben die Verantwortlichen eine etwa einstündige »warming up«-Zeit. In dieser Zeit beten wir füreinander, und der Leiter motiviert die anderen Verantwortlichen, indem er Erwartung, Glauben und Hoffnung in den tragenden Kern des Hauskreises einpflanzt.

Erfahrungsgemäß breitet sich das entfachte Glaubensfeuer eines solchen Nukleus dann anschließend sehr leicht auf die gesamte Gruppe aus. Kaum tritt der Rest des Hauskreises herein, begrüßen ihn Glaube und Hoffnung bereits an der Tür. Unsere Augen und unsere positive Haltung ist mit Hoffnung für die anderen geladen. Oft sage ich zu den Leitern unserer Hauskreise: »Laßt uns die Problembeladenen, die vom Alltag Geschafften und Frustrierten mit Glauben und Hoffnung anstecken, denn Christentum ist Brandstiftung.«

Ein Hauskreis ohne solche »warming up«-Zeiten entzündet nur kleine Feuerzeuge, während manche unserer Hauskreise mittlerweile echte Flammenwerfer geworden sind. Eine auf diesem Nährboden entstandene Gruppenatmosphäre ist so therapeutisch, daß auch sehr ängstliche Menschen eines Tages progressive Glaubensschritte gehen.

Die positive Lebensperspektive, die ein Gruppenleiter vermittelt, erhellt die Zukunft eines jeden Hauskreises. Es entsteht Enthusiasmus, und der Hauskreis wächst qualitativ und quantitativ.

Hauskreisleiter sollten sich niemals von den Problemen hypnotisieren lassen, die in der Gruppe gerade vorhanden sind. Sie sollten sich vielmehr stets auf die konstruktiven Lösungswege Gottes konzentrieren.

Prinzip 3:

Leiter vermitteln eine Vision

Kein Unternehmen, kein Missionswerk, keine Gemeinde und kein Hauskreis wird wachsen, wenn nicht eine Person an der Spitze steht, die eine Vision hat. Das Problem vieler Gruppen und Gemeinden ist, daß an der Spitze ein rein administrativer Manager sitzt, dem es an Überzeugungskraft fehlt. Er weiß nicht, wie er Menschen motiviert.

Für eine Gemeinde haben solche Menschen ohne Zweifel wichtige Begabungen, die allerdings nur auf dem richtigen Platz zur Entfaltung kommen. Was nützen Wissen und Kompetenz, wenn man nicht begeistern kann?

Ein Manager ist in erster Linie organisations- und strukturorientiert, während ein visionärer Leiter stärker personenorientiert ist. Der Manager wird sich meist auf kurzfristige Projekte konzentrieren, während ein Leiter eine geistliche Gesamtschau der Arbeit hat. Ein Manager durchdenkt auf brillante Weise ein großes Projekt. Ohne Schwierigkeiten ist er z.B. in der Lage, eine Großveranstaltung zu durchdenken und von der organisatorischen Seite her durchzuführen. Der visionäre Leiter dagegen vermittelt den Teilnehmern der Veranstaltung Vision und Ausrichtung. Somit ist der Manager für die äußeren Gesamtbedingungen zuständig, während der Leiter für die inhaltliche Seite verantwortlich ist. Nur auf der Basis gegenseitiger Ergänzung und einem klaren Verständnis der individuellen Begabung sind wir in der Lage, ein Projekt zum Erfolg zu führen.

»I have a dream ...« Jeder kennt den Mann, den diese Worte berühmt gemacht haben. Er war der Visionär Martin Luther King. An ihm können wir lernen: Wenn Gott uns einen Traum gibt, dann gibt er uns auch die Kraft, diesen Traum zu verwirklichen. Wir können dann mit Martin Luther King sagen: »Ich habe einen Traum, eine Vision«, ohne dadurch ein »Träumer« zu werden.

Menschen, denen ein solcher Traum fehlt, nehmen eine andere Haltung ein. Sie entschuldigen sich mit den hilflosen Worten: »Ach, es klappt ja doch nicht« – und verwerfen so ihre besten Chancen und Möglichkeiten. In diesem Moment geht wertvolle Antriebskraft verloren, die von Visionen, Träumen und positiven Gedanken ausgeht. Viele dieser Menschen haben sich bereits ein »frommes Verlierervokabular« zugelegt.

Vom Traum zur Wirklichkeit

Hast du in deinem Leben schon große Ziele erreicht? Wenn ja, danke Gott. Wenn nicht, danke Gott für deine Fähigkeit, von ihm eine Vision für ein großes Ziel zu empfangen. Werde durch Gebet für größere Ziele und Visionen empfänglich und laß dich dadurch beflügeln. Gott möchte durch jeden von uns etwas Großartiges tun. Er möchte dich dort, wo du bist, mit deinen Möglichkeiten und Gaben wachsen sehen. Alles beginnt damit, daß wir Gott um eine neue Vision bitten. Gott selbst sagt: »Denn ich kenne ja die Gedanken, die ich über euch denke. Gedanken des Friedens, nicht zum Unheil, um euch Zukunft und Hoffnung zu gewähren« (Jer. 29,11).

Für einen Leiter reicht es allerdings nicht, selbst eine Vision zu haben, er muß sie auch vermitteln können. Mose und David waren große visionäre Männer, die für ihre gottgegebenen Ziele ein ganzes Volk begeistern konnten. Und auch heute können Leiter, denen Gott eine Vision geschenkt hat, Unglaubliches erreichen. Was wäre das überkonfessionelle Missionswerk »Jugend mit einer Mission« ohne ihren großen Leiter und Visionär Loren Cunningham an der Spitze? Was wäre das Missionswerk »Operation Mobilisation« ohne ihren visionären Leiter George Verwer?

Beide Männer haben nicht nur eine weltumfassende Vision, sondern sie sind auch in der Lage, Tausende für ein gutes Ziel zu begeistern. Schiffe versorgen Katastrophengebiete mit Medizin und dem Evangelium. Christliche Universitäten entstehen, Tausende von jungen Menschen missionieren ohne Gehalt in den abgelegensten Winkeln dieser Welt. Einige von ihnen zahlen wie die ersten Jünger einen sehr hohen Preis dafür, daß das Anliegen der Weltmission seinem Ziel näher kommt. All das begann damit, daß zwei junge Männer unabhängig voneinander eine ähnliche Vision hatten, die sie auch vermitteln konnten. Solche Leiter können andere für ihre Träume und Visionen begeistern, weil sie selbst von ihrer Vision zutiefst überzeugt sind und von ihr angetrieben werden.

Der Kopf einer Bewegung ist immer ein Visionär, der in der Lage ist, die gottgegebene Vision zu vermitteln. Er versteht die Kunst, Menschen zu begeistern. Seine Worte haben geistliche Sprengkraft, rütteln auf und gehen runter wie Butter und Öl. Visionäre verfügen über eine ganz besondere Sensibilität. Weil sie die spezifischen Gefühle einer Gruppe, Gesellschaft oder Generation kennen und ansprechen, werden sie zu deren Sprechern. Einem solchen Leiter folgen viele, während Leitern, die nur an der Aufrechterhaltung des status quo interessiert sind, vielleicht einige Bürokraten folgen, die das erhalten wollen, was sowieso gut läuft.

Visionäres Denken kann bis zu einem gewissen Grad erlernt werden. Beobachte vor allem Personen, die auf erfolgreiche Weise ihre Vision vermitteln. Gehe bei ihnen in die Schule, höre ihre Predigten, besuche ihre Veranstaltungen, studiere ihre Sprache, Rhetorik und ihren Ausdruck.

Die Realisierung gehört dazu

Ich kenne einige Visionäre, die bunte, schillernde Bilder malen, wahre Feuerwerke entfachen, aber die Umsetzung im Alltag nicht hinkriegen. Die ersten Begegnungen mit ihnen mögen interessant sein, aber dieses Interesse flaut bald ab. Zu einem echten Leiter gehören überprüfbare Resultate. Manchmal sind Visionäre in der Lage, einen Wirtschaftsplan zu erarbeiten oder potentielle Wirtschaftsreformen zu entwickeln, zur Realisierung kommt es jedoch kaum. Wenn sie keinen Umsetzer ihrer Gedanken finden, bleibt es bei dem »eines Tages vielleicht«. Sie tragen dann die Last angefangener Entwürfe mit sich, die alle mit dem Satz »irgendwann einmal« beendet wurden. Ihr Scheitern liegt an der verpaßten Chance der Umsetzung. Ein wirklich visionärer *Leiter* dagegen geht mit viel Optimismus an die Arbeit, denn er weiß, daß Visionen sich nie von selbst realisieren. Die Realisierung muß von uns ausgehen.

Wie wir Visionen vermitteln können

Bevor wir in unserer Gemeinde die Vision vermittelten, daß wir einen 1.100 Quadratmeter großen Raum zusätzlich anmieten wollten, was für uns monatlich immerhin 10.000 DM Mehrkosten bedeutete (ganz zu schweigen von den enormen Umbaukosten, die zwischen 200.000 und 300.000 DM lagen und durch freiwillige Gaben aufzubringen waren) brauchten die Leiter der Gemeinde klare Gewißheit aus dem Gebet. Wenn man bedenkt, daß unsere Arbeit erst zweieinhalb Jahre jung war und bereits vier volle Gehälter, eine 2/3 Bürokraft und einen Zivildienstleistenden finanziell unterhielt, zusätzlich zu den laufenden Kosten, dann erahnt man, daß die vielen jungen Leute und einige ältere fröhliche Geber sind. Wir stellten uns ernsthaft folgende Frage: Darf man an einem solchen Entwicklungspunkt überhaupt groß denken? Im Gebet erfuhren wir die Antwort. Man darf! Vielleicht war dies der gewagteste Glaubensschritt, den wir als Gemeinde bisher gingen.

Gemeinsam mit Rudi, mit dem zusammen ich die Gemeinde leite, bereitete ich mich darauf vor, das gottgegebene Ziel zu vermitteln. An einem Sonntag gab Rudi einen wunderbaren Rückblick auf die bisherige Geschichte unserer Gemeinde und malte uns die neue Perspektive schmackhaft vor Augen. Nach einer Lobpreiszeit begann ich zu predigen. In meiner Predigt griff ich den neuen Glaubensschritt auf. Ich stellte die Frage: »Ist es nicht toll, wie wir in der letzten Zeit gewachsen sind? Schaut euch doch mal um und seht, wie voll der Raum ist.« Die Reaktion war ein spontaner Applaus.

Ich fuhr fort: »Ich denke, ihr stimmt mir zu, daß ein Schuh nie die Größe eines wachsenden Fußes bestimmen darf.« Allgemeine Zustimmung. »Ihr habt die Möglichkeit, an etwas Einmaligem, einem historischen Augenblick dieser Gemeinde mitzuwirken. Gott macht immer Dinge mit außergewöhnlichen Menschen. Ihr als Kinder eines außergewöhnlichen Gottes seid außergewöhnlich.«

Als ich diese und noch einige weitere Sätze gesagt hatte, erklärte ich noch einmal das Ziel, daß wir ein gewaltiges Projekt zur Ehre Gottes starten wollen. »Wir wollen einen Raum anmieten, der vielen geistlich heimatlosen Menschen Heimat bieten soll, die in den nächsten Jahren noch kommen werden.« Obwohl unsere Gemeinde in den letzten zweieinhalb Jahren viele Wachstumsumbrüche erlebt hatte, reagierte die Allgemeinheit sehr positiv auf unseren Vorschlag.

Natürlich war das ganze Unternehmen für uns ein gewaltiger finanzieller Glaubensschritt, der Rudi und mich sowie einige andere häufig ins Gebet trieb. Wie zu erwarten, ließ uns Gott keine einzige Minute im Stich, und wir konnten bisher alle Rechnungen bezahlen, ohne uns zu verschulden.

Ich kann mir vorstellen, daß einige Leser den kurzen Auszug meiner Rede als »manipulativ« empfinden. Ich glaube, daß die Vermittlung einer gottgegebenen Vision genausowenig oder genausoviel Manipulation ist wie eine langweilige Sonntagspredigt. Auch eine langweilige Predigt manipuliert – sie manipuliert die Leute aus der Gemeinde heraus!

Deine eigene Vision

Du solltest dir folgende Frage stellen: Habe ich eine gottgegebene Vision,

- die meine Phantasie fesselt,
- die meine Willenskraft mobilisiert,
- die andere Menschen in Brand steckt,
- die in realistischer Weise umgesetzt werden kann?

Schreibe diese Vision in knappen Worten in die nächsten drei Zeilen:

____

____

____

Gottes Inspiration mündet immer in eine geistliche Unzufriedenheit über den gegenwärtigen Zustand. Menschen, die satt und zufrieden sind, stellen die Welt nicht auf den Kopf, weil sie die Triebkraft der heiligen Unzufriedenheit, die durch geistlichen Hunger entsteht, nicht kennen. Dieser geistliche Hunger ist eine begehrende Grundhaltung, die uns ins Gebet und zum Handeln treibt.

Prinzip 4:

Leiter haben Ziele

In einer Untersuchung, die sich mit den kommunistischen Verhörmethoden während des Koreakrieges befaßt, hielt der Psychologe Denis Waitley eine interessante Beobachtung fest: Bevor die Kommunisten ihre Gefangenen in ihr Lager einwiesen, stellten sie ihnen einfache Fragen, um herauszufinden, um was für eine Art von Menschen es sich handelte: innerlich stabile Leiterpersönlichkeiten – oder angepaßte Mitläufer.

Personen, die keine über den privaten Bereich hinausgehende Lebensziele hatten, steckte man in ein Lager mit nur geringen Sicherheitsvorkehrungen. Die Bewacher wußten: Solche Personen sind leicht durch Gehirnwäsche, einen Brief der Frau oder ein Päckchen Zigaretten in Schach zu halten. Da sie für keine großen Ziele eintreten, fallen sie schon bei Kleinigkeiten um. Demgegenüber steckte man Personen mit klaren religiösen und politischen Zielen in stark bewachte Lager, wo sie immer wieder verhört und geschlagen wurden und über lange Zeiten kaum etwas zu essen bekamen.

Interessant ist nun folgendes: Die Statistiken, die die Kommunisten selbst aufstellten, brachten zum Vorschein, daß in den stark bewachten Lagern sehr viel weniger Krankheits- und Todesfälle zu verzeichnen waren als in den Lagern mit geringen Sicherheitsvorkehrungen, die den Gefangenen wesentlich mehr Komfort boten. Offensichtlich setzen Ziele, für die es sich zu leben lohnt, Kräfte frei, die uns daran hindern, in schwierigen Situationen aufzugeben. Sogar die Gesundheit profitiert davon.

Was Menschen antreibt und erfolgreich macht, sind ihre großen Ziele und ihre zielorientierte Einstellung. Deshalb ist es eine Tragödie, daß die meisten Menschen mehr Zeit dafür aufwenden, ihren Urlaub zu planen als die Ziele ihres Lebens.

Solche Menschen sind wie ein Blatt, das vom Wind der Umstände von der einen Ecke des Lebens in die andere getrieben wird. Da unser Leben allzuoft von alltäglichen Kleinigkeiten vernebelt wird, ruft uns Paulus zu: »Ich vergesse, was dahinten, strecke mich aber aus nach dem, was vor mir ist und jage auf das Ziel zu, hin zu dem Kampfpreis der Berufung Gottes nach oben in Christus Jesus« (Phil. 3,13-14).

Deine Erfolgsfähigkeit für Gott wurzelt in gottgegebenen Zielen. Ist ein Ziel vorhanden, so muß es mit einer Entscheidung zum handeln verknüpft werden. Diese Entscheidung ist allerdings nur dann etwas wert, wenn wir sie auch umsetzen. Ohne Umsetzung verblaßt jede Vision, jedes Ziel, jedes Begehren, das Gott in uns gepflanzt hat.

Glaube und Aktion

Glaube und Aktion gehören zu den elementaren Voraussetzungen zur Zielerreichung. Wie oft erlebte ich frustrierte arbeitslose Christen, die – statt mehr Bewerbungen zu schreiben – lieber stundenlang beteten. Andere, die auf Wohnungssuche waren, sagten: »Der Herr hat mir eine Wohnung zu einem bestimmten Zeitpunkt versprochen. Alles, was ich noch zu tun habe, ist zu danken.« Mit einer solchen Haltung erreichen wir allerdings kaum unser Ziel. Hier wird das praktiziert, was die Bibel »Glaube ohne Werke« nennt.

Die Bibel lehrt uns, daß Erfolg nicht zuletzt vom praktischen Fleiß abhängt. Es gibt Kamele, die können 14 Tage arbeiten, ohne zu trinken. Es gibt aber auch Kamele, die können 14 Tage saufen, ohne zu arbeiten. Spurgeon sagte: »Die beste Religion ist die, die an der Nähmaschine fleißig, in der Ofenecke freundlich und am Tisch liebenswürdig ist.« Unsere Werke zeigen, an welche Ziele wir glauben. Je gewaltiger unser Ziel ist, je größer die Pläne, umso größer werden die Opfer sein, die wir zu bringen haben.

Kein Triumph auf Golgatha ohne Gethsemane,
keine Krone ohne Kreuz,
kein Sieg ohne Kampf,
keine Zielerreichung ohne Opferbereitschaft.

Was wir von Sportlern lernen können

Kein Sportler der Welt würde die Strapazen auf sich nehmen, monatelang hart zu trainieren, wenn er von der inneren Überzeugung erfaßt wäre: »Ich werde es doch nicht schaffen.« Der einzige Grund, warum er trainiert, ist der, daß er an den Sieg glaubt. Das Bild des Christen als Wettkämpfer taucht im Neuen Testament immer wieder auf, besonders in den Briefen des Paulus. Er zeigt uns, daß Sport, Training, Disziplin, der Wille, zu siegen und Ziele zu erreichen, Vorgänge sind, die viel mit unserem Glauben zu tun haben.

Im Neuen Testament wird an unzähligen Stellen entfaltet, welche Konsequenzen dieses Konzept in der Praxis hat.

1. Ein erfolgreicher, zielorientierter Wettkampf soll nach Gottes Gesetzmäßigkeiten geführt werden (2. Tim. 2,5). Halte dich an Gottes Regeln, und du erzielst göttliche Resultate.
2. Wir sollen jede Bürde, insbesondere die uns umstrickende Sünde, ablegen (Hebr. 12). All das kann uns daran hindern, das Ziel zu erreichen.
3. Uns wird empfohlen, mit Ausdauer auf das Ziel zuzusteuern (Hebr. 12,2).
4. Quelle unserer Selbstmotivation für unseren Lauf ist der Blick auf Jesus, der Anfänger und Vollender unseres Glaubens, der in vorbildlicher Weise bereit war, einen großen Preis für ein großes Ziel zu zahlen (Hebr. 12,2).
5. Ein weiterer Motivationsanreiz ist der unvergängliche Siegeskranz (1. Kor.9,25), eine Motivation also, die vom Ziel ausgeht.
6. Unser Lauf soll nicht im Ungewissen münden (1. Kor. 9,26), sondern er soll voller Glauben sein.
7. Unser Kampf soll zielgerichtet sein, nicht wie einer, der in die Luft schlägt (1. Kor. 9,26).
8. Wir werden aufgefordert, selbstdiszipliniert alles, was in uns steckt, aus uns herauszuholen (Hebr. 12,4; 1. Kor. 9,27).
9. Wir sollen vom Sieg und nicht von der Niederlage ausgehen. »Ich habe den guten Kampf gekämpft und ich habe den Lauf vollendet« (2. Tim.4,7).

10. Traumtänzer, die durchs Leben taumeln, imponierten Paulus nicht. Sein Motto: »Ich jage nach dem vorgesteckten Ziel« (Phil. 3,13).

Im Bild des Läufers haben wir eine Person, die in einem Marathonlauf konzentriert und diszipliniert einen Fuß vor den anderen setzt. Ich denke an Michelangelo, der sagte: »Wenn die Leute wüßten, wie hart ich arbeite, um zu meinem Meistertum zu gelangen, würde es ihnen nicht mehr wunderbar erscheinen.«

Das Erreichen großer Ziele hat also seinen Preis. Viele Christen träumen jahrelang von Vollmacht, lesen glaubensstärkende Bücher, werden zu den reinsten »Konferenzheinis«, aber letzten Endes sind sie frustriert über die fehlenden Glaubensresultate. Alles, was sie getrieben haben, war geistliche Selbstbefriedigung, denn sie haben ihre Gaben nicht zielorientiert eingesetzt.

Rechne mit Hindernissen

Es gibt keine Zielrealisierung ohne Hindernisse und Widerstände. Wer risikoscheu, bequem und ziellos lebt, wird keine großen Ziele erreichen. Menschen, die sich dem status quo hingeben, stehen sich selbst und Gott im Weg. Solche Menschen lehnen sich entspannt in den Sessel und rufen: »Hurra, jetzt ist wieder Wochenende.«

Ein gutes Beispiel für Glauben, der Hindernisse aus dem Weg räumt, ist das Leben von Thomas Edison. Ihm verdanken wir die Glühbirne und den Akkumulator. Edison war der festen Überzeugung, daß Elektrizität Licht erzeugen kann. Aus diesem Grund machte er 5.000 Materialversuche, um schließlich den richtigen Wolframfaden für die Glühbirne zu finden. Zur Fertigstellung des Akkumulators benötigte er 25.000 Fehlversuche.

Auf die Frage nach dem Geheimnis seiner enormen Frustrationstoleranz bei so vielen erfolglosen Experimenten antwortete Edison: »Erfolglos? Ich bin doch nicht erfolglos. Ich kenne jetzt 25.000 Möglichkeiten, wie ein Akkumulator mit Sicherheit nicht funktioniert.«

Gehe also zuversichtlich deine Hindernisse an. Das Wort Gottes verspricht, daß Zuversicht eine große Belohnung hat (Hebr. 10,34). Statt auf den Sturm sollten wir unseren Blick auf den Anfänger und Vollender des Glaubens konzentrieren. Das wirkt in jedem Fall entspannender als 10 Milligramm Valium intravenös verabreicht. Natürlich enthält jede Entscheidung auf unserem Weg zum Ziel ein gewisses Risiko, und wir werden erleben, daß Projekte und Planungen ins Wanken geraten. Wir sollten aber wissen, daß dies eine durchaus normale Sache ist.

Sollte trotzdem mal etwas schiefgehen, kann dir ja schließlich nichts Schlimmeres passieren, als daß du einen weiteren Fehlschlag erlebst, aus dem du lernen kannst. Ein Spruch begleitet mich schon seit einigen Jahren. Er heißt: »Lieber etwas Großes tun und Mißerfolg haben, als nichts tun und Erfolg haben.«

Ziele und Gebet

Menschen, durch die Gott in besonderer Weise wirkt, haben alle eine Gemeinsamkeit: ein starkes Gebetsleben. Die wirklich Erfolgreichen im Reiche Gottes sind immer die Beter. Sie sind auch die wirklich Informierten! Ohne Gebet gibt es keinen geistlichen Durchbruch. Gebetsmangel geht mit fruchtlosem Wunschdenken Hand in Hand. Das Gebet transportiert Glauben und die Kraft Gottes in unser Leben. Kein Bibelzitat, keine geistliche Proklamation bringt uns dahin, wo das Gebet uns hinbringt, nämlich an den Thron Gottes, von dem Weisung und Kraft ausgeht.

Überlassen wir unsere Zukunft nicht dem Zufall, den Umständen oder unseren Gewohnheiten. Statt dessen sollten wir unter der Inspiration des Heiligen Geistes erfolgreiche Drehbuchautoren unseres Lebens werden. Die besten Drehbücher werden im Gebet geschrieben. Gebet lädt uns mit der Gewißheit auf, daß Gott mit uns gewaltige Träume realisiert, riesige Hindernisse beseitigt und uns sicher ans Ziel bringt. Packe durch Gebet die Dinge im sichtbaren und unsichtbaren Raum an, die deiner Zielrealisierung im Weg stehen. Du wirst erstaunt sein, was dein Gebet vermag.

Brave, seichte, zurückhaltende Gebete werden weder den Himmel öffnen noch die Hölle plündern. Wir brauchen heute wieder Leute wie Elia, dessen Glaubensgebet zum Brennglas wurde, das ein gewaltiges Feuer vom Himmel holte. Von Elia heißt es, er sei ein Mann wie wir gewesen. Denken wir an die Gebetsschreie eines John Knox, der mit seinen Fäusten auf den Boden trommelte und aus der Tiefe seines Herzens schrie: »Herr, gib mir Schottland oder nimm mich weg.« Wie wir aus der Kirchengeschichte wissen, bahnte sich daraufhin eine Erweckung ihren Weg durch Großbritannien.

Der einzige Grund, warum es so schwer ist, zu beten, besteht darin, daß der Teufel jedem den Krieg erklärt, der mit dem Gebet Ernst machen will. Der große Gebetskämpfer John Hyde sagte einmal: »Der Teufel kämpft dort am hartnäckigsten, wo für ihn am meisten auf dem Spiel steht.« Wundere dich nicht über die Gebetsmüdigkeit, die jeden Leiter von Zeit zu Zeit überfallen will. Solange der Feind die Gläubigen vom Gebet abhalten kann, hat er die Welt unter Kontrolle. Außerdem: Wenn wir Leiter nicht beten, wer soll es dann den Gemeindegliedern vormachen?

Wie empfange ich Ziele?

Als ich eines Abends auf Gottes Antwort wartete und schließlich darüber eingeschlafen war, erwachte ich um 5 Uhr früh, was für mich außergewöhnlich ist. Während ich fragend senkrecht im Bett saß, spürte ich, daß Gott mir etwas zu sagen hatte. Durch Bibelstellen und eine leise »innere Stimme« erhielt ich detaillierte Richtungsweisung und – was ich damals so dringend brauchte – Ermutigung für meinen Weg.

Im Gegensatz zu anderen Personen erhalte ich sehr selten im Halbschlaf eine Lösung für irgendein Problem. Meistens erlebe ich Gottes Reden auf ausgedehnten Spaziergängen, die manchmal mehrere Stunden dauern. Sobald ich unter Menschen bin (und ich bin die meiste Zeit des Tages unter Menschen) höre ich so gut wie nichts für mein Leben, aber dafür bekomme ich häufiger ein Wort der Ermutigung, der Erkenntnis oder eine Prophetie für andere Menschen.

Alle Ziele und Visionen, die mein Leben nachhaltig prägten, wurden in der Stille mit Gott geboren:

- Die Berufung, nach Frankfurt zu ziehen und als vollzeitlicher Seelsorger zwei Jahre zu arbeiten, hat sich mittlerweile erfüllt.
- In einer Vision, die ich vor vielen Jahren erhielt, sah ich mich zu vielen Menschen predigen. Diese Vision erfüllt sich nun regelmäßig.
- Das Ziel, eine impulsgebende Gemeinde zur Ehre Gottes in Frankfurt zu gründen, hatte der Herr nicht nur mir, sondern auch Rudi Pinke, meinem geistlichen Partner und besten Freund, aufs Herz gelegt. Auch dieser Traum hat sich bereits realisiert.
- Das Herzrasen, das ich auf einem Gebetsspaziergang bekam, als ich die Buchstaben WIESBADEN vor meinen Augen sah, hat inzwischen nachgelassen, denn auch in Wiesbaden ist mittlerweile eine wachsende Gemeinde entstanden, die ich jetzt leite.
- Im Gebet erhielten Rudi und ich den Impuls, eine Gemeindebewegung zu starten. Mittlerweile haben sich etliche Gemeinden unserer Bewegung angeschlossen, um Motivation und Anleitung zu bekommen.

Der kreative Prozeß

Wie kommen wir zu schöpferischen Gedanken und zu bedeutungsvollen Zielen? Wenn wir etwas empfangen wollen, müssen wir zunächst einmal unseren Geist von den Alltagswirren entleeren. In Psalm 46,10 heißt es: »Sei still und erkenne, daß ich Gott bin.« Nicht Marthas aktive Arbeitswut wurde von Jesus gelobt, sondern Marias ruhige, zuhörende Haltung zu Jesu Füßen. Mose empfing in der Stille mit Gott die Zehn Gebote, wogegen das Volk die Stille nicht aushielt und in fieberhafter Ungeduld ein goldenes Kalb fertigte. Frommer Aktivismus schafft immer irgendwie ein goldenes Kalb. Schon nach kurzem fängt man an, das Werk seiner eigenen Hände anzubeten.

Jesus wußte, daß in der Ruhe Kraft liegt. Deswegen ließ er manchmal Hilfesuchende sowie seine Jünger zurück, um die Ziele des Vaters zu empfangen. Er wußte: Der Platz meiner Berufung ist der Platz meines Erfolgs.

Vertraue still und gelassen der heiligen Gegenwart Gottes. Sage: »Gott, ich vertraue mich voll deiner Führung und Weisheit an.« Dann warte und höre. Wenn du eine Antwort suchst, stelle Gott Fragen, aber sei dabei nicht verkrampft.

Eine gute Möglichkeit sehe ich darin, Gott eine Frage kurz vor dem Einschlafen zu stellen. Ich sage manchmal: »Jesus, ich suche eine Antwort auf mein Problem. Zeige mir den Lösungsweg zu deiner Ehre.« Wenn wir so beten, sollten wir unbedingt mit einer Antwort rechnen. »Wenn auf Menschen Tiefschlaf fällt, im Schlummern auf dem Lager, da öffnet er das Ohr der Menschen und erschreckt sie durch Verwarnung« (Hiob 33,15-16).

Wenn du dir über deine Ziele klar geworden bist, dann ordne sie in der Reihenfolge ihrer Wichtigkeit. Anschließend unterstreiche die drei bis vier wichtigsten Punkte und trage sie in deinen Kalender ein. Lohnenswerte Ziele sollten wir ständig vor Augen haben und deshalb Zeit in sie investieren, indem wir häufig über ihnen brüten.

Wenn Gott Aufträge erteilt, so erscheinen oft schon nach kurzer Zeit Menschen auf der Bildfläche, die uns helfen, diese Ziele auch zu realisieren. Träume und Visionen – manche sprechen auch von »Eindrücken« oder »Bildern« – sind die Sprache des Heiligen Geistes. Gottes Impulse, die sich in gedanklichen Vorstellungen abbilden, werden wie in Josefs Leben zur Realität.

Leiter glauben an ihre Ziele

Der koreanische Pastor Paul Yonggi Cho berichtete, daß er zu einem Zeitpunkt, als seine Gemeinde nur aus 5-10 Personen bestand, durch Gebet mit einer inneren Vision erfüllt wurde, bei der er im Geiste mehrere tausend Mitglieder sah. Sobald er allein war, redete er in seinem leeren Zelt und malte sich aus, daß Tasuende ihm zuhörten. Wie Abraham, der die Sandkörner und Sterne zählte, um sich sein von Gott versprochenes Erbe zu vergegenwärtigen, malte sich Cho das im Geiste aus, was er später auch tatsächlich erlebte.

Sogar im Gottesdienst fing er an, so zu predigen, als ob sein Publikum aus Tausenden von Menschen bestünde. Er selbst sagt, daß er schon zu der Zeit, als er seine Mitglieder noch an zehn Fingern abzählen konnte, so arbeitete wie ein Pastor, der Tausenden von Mitgliedern vorsteht. Warum hat Cho heute eine Gemeinde mit fast 700.000 aktiven Mitgliedern? Weil er, wie Abraham, an das Ziel glaubte, das Gott ihm versprochen hatte.

In meiner Zusammenarbeit mit vielen Pastoren fällt mir immer wieder auf, daß die Pastoren, die an ihre gottgegebenen Ziele glauben, die wirklich erfolgreichen sind. Denselben Sachverhalt beobachte ich unter Hauskreisleitern. Gruppenleiter, die an ihre Ziele glauben, haben in der Regel wachsende und blühende Hauskreise.

Ziele sind wichtig, denn ...

- ... sie lösen Begeisterung aus,
- ... sie motivieren uns,
- ... sie lassen uns über das Gewohnte hinauswachsen,
- ... sie geben uns ganz einfach Kraft, wenn wir uns an ihnen festhalten – weil sie von Gott kommen.

Ziele und Adrenalin

Ziele sind motivierende Gedanken, die an unsere endokrinen Drüsen rütteln, um Adrenalin auszuschütten. Durch Ziele, die uns Gott gegeben hat, wird mein Enthusiasmus angefacht, der wiederum Adrenalinschübe auslöst. Adrenalin bringt uns schließlich ans Ziel. Mir scheint, daß im Reich Gottes zu wenig Adrenalin umgesetzt wird. Das hängt damit zusammen, daß man sich von Gott keine stimulierenden Ziele geben läßt und schon mit kleinsten Segnungen zufrieden ist.

Der Teufel fürchtet sich nicht vor mittelmäßigen Plänen und Zielen. Er fürchtet sich vor gewaltigen Adrenalinschüben, die von großen Zielen herrühren. Große Adrenalinschübe treiben uns ans Ziel und Satan den Schweiß auf die Stirn. Wann hast du den letzten Adrenalinschub gehabt?

Erst durch den Glauben an die Ziele und den damit verbundenen Enthusiasmus sind wir in der Lage, andere zu überzeugen. Solange du an deine Berufung, an deinen Auftrag und an dein Ziel glaubst, bist du auf einem guten Weg. Menschen werden sich mit der gleichen Vision verbinden, denn die Begeisterung und das Feuer für ihr Ziel macht sie für Außenstehende anziehend. Wenn du nicht an deine gottgegebenen Ziele glaubst, merken das die anderen, und du bist in Schwierigkeiten. Ohne Gebet keine Inspiration, ohne Inspiration kein Ziel, ohne Ziel kein Adrenalin, ohne Adrenalin keine Realisierung der Ziele.

Gottgeschenkte Ziele werden wahr!

Im Gebet zeigte uns der Herr im Christlichen Zentrum Frankfurt, daß wir bis zum Ende des Jahres 1989 etwa 300 Gemeindebesucher haben sollten. Im November lag unsere Besucherzahl allerdings noch bei ca. 150 Personen. Da die Zahl 300 offiziell in der Gemeinde kommuniziert wurde, bekam ich zeitweise ein mulmiges Gefühl in der Magengegend.

Deutlich spürten wir, daß der Herr unsere Mitarbeit im Gebet wollte. Gemeinsam mit Rudi Pinke ging ich in eine 300 Stunden anhaltende Fastenzeit. Da ich manchmal sehr proklamativ bin, hängte ich überall in meinem Wohnzimmer Schilder mit der Zahl 300 auf, die mir bei meinem zielorientierten Gebetsfasten eine Hilfe sein sollte. Als Sabine, meine Frau, den Raum betrat, stellte sie mir erstaunt zwei Fragen: »Was sollen denn die Schilder? Und was ist, wenn Gäste kommen?«

So verschwanden die Schilder wieder, aber auch ohne sie waren unsere Gebetszeiten gehaltvoll. Unter anderem banden wir die Macht des Feindes über bestimmten Regionen unserer Stadt. Wir spürten, daß wir insbesondere in der zweiten Woche, nachdem wir einen Buß- und Reinigungsprozeß durchlebt hatten, in eine neue Dimension vorstießen. Als wir Gott die Frage stellten, wann die neue Gemeinde in Wiesbaden gestartet werden sollte (insgeheim hofften wir: in 3-4 Jahren, da wir ja gerade erst eine Gemeinde in Frankfurt gegründet hatten), zeigte Gott uns beiden unabhängig voneinander den Zeitraum eines halben Jahres.

Genauso geschah es dann auch. Jede Person, die wir im Gebet zur Unterstützung für das Unternehmen Wiesbaden von Gott erbaten, ist inzwischen ein Mitarbeiter unserer neuen Gemeinde, dem Christlichen Zentrum Wiesbaden (CZW). In nur sechs Wochen nach unserer Fastenzeit verdoppelte der Herr die Anzahl der Gottesdienstbesucher, und weit über 300 Menschen besuchten seit Ende Dezember 1989 unsere Frankfurter Gemeinde.

Ziele stecken Mitarbeiter in Brand

Der Gemeindewachstums-Experte Robert Logan beschreibt den Prozeß der Vermittlung von Zielen mit einem sehr treffenden Bild: »Es ist leichter, ein Puzzle zusammenzusetzen, wenn man sich das Originalbild auf dem Karton anschaut. Je deutlicher das fertige Bild auf dem Karton ist, desto klarer kann sich der Betreffende vorstellen, wie sein Puzzlestück in das Gesamtbild hineinpaßt.« Je plastischer wir ein Bild von der Zukunft darstellen, desto bereitwilliger werden Menschen diese Ziele als ihre eigene annehmen und wissen, wie sie einen Beitrag dafür leisten können.

Nachdem eine große, gewaltige Vision vermittelt wurde, wird sie von ihrem Sockel heruntergeholt, gesplittet und in überschaubare Teilziele zerlegt und auf die betreffenden Dienstbereiche und Abteilungen der Gemeinde aufgeteilt. Diese überschaubaren Teilziele werden jetzt noch einmal in ganz realistische Teilaufgaben zerlegt. Auf diese Weise wirkt die Vision nicht mehr wie ein weltfremder, abgehobener, schöner Gedanke, sondern ein Zahnrad greift in das andere und bringt eine ganze Gruppe ihrem Ziel näher.

Ziele stecken nicht nur Mitarbeiter in Brand, sondern sie motivieren auch Menschen, die neu in unsere Gemeinde kommen – und machen sie zu potentiellen Mitarbeitern. Menschen, die auf diese Weise gewonnen werden, bringen fast immer die Begabungen mit, auf die wir so dringend angewiesen sind, um die Ziele, die Gott uns gegeben hat, auch zu erreichen.

Zielfindung praktisch

Folgende sechs Schritte werden dir helfen, zu bedeutungsvollen Zielen zu gelangen:

1. Nimm dir viel Zeit, in der du betest und planst. Halte viel Papier bereit. Sammle alle wichtigen Gedanken und Ziele.
2. Konzentriere dich auf die Hauptziele, um dich nicht zu verzetteln, und ordne die Punkte nach Prioritäten.
3. Präzisiere die Hauptziele, indem du sie in klare Worte faßt. (Ich trage meine Ziele immer in meiner Agenda bei mir. So kann ich sie mir von Zeit zu Zeit vergegenwärtigen, darüber brüten und beten.)
4. Entwickle Handlungsentwürfe für die Praxis, die sich von den Zielen ableiten.
5. Halte am Ziel fest.
6. Erreiche die Ziele und wachse an ihnen.

Prinzip 5:

Leiter sind kreativ

Warum legen Menschen eigentlich keine Eier? Warum haben Känguruhs keine Flügel, sondern einen Beutel? Warum gleicht kein Fingerabdruck dem anderen? Weil der Gott, nach dessen Bild wir erschaffen wurden, kreativ ist. Mit Sicherheit hätten wir keine Erfindungen, wissenschaftliche Pionierleistungen und Kunstwerke, wenn nicht Menschen den Mut gehabt hätten, jenseits der gewohnten Bahnen zu denken und zu handeln.

Vor den Gebrüdern Wright war beispielsweise noch keiner geflogen. Bevor Noah das größte Schiff seiner Zeitepoche mitten auf trockenes Land baute, gab es mit großer Wahrscheinlichkeit keinen, der sich mit einem solchen Projekt befaßt hatte. Wir können uns kaum ausmalen, wieviel Gelächter und Spott diese Männer einstecken mußten. Ihr Durchhaltevermögen basierte auf der Frustrationstoleranz, die sich von den Zielen ableitete, die sie erreichen wollten.

Die Fesseln der Tradition

Leider sind es nur relativ wenige Menschen, die den Mut zu neuen, wirklich kreativen Wegen haben. Ich muß zum Beispiel an einen Freund denken, einen jungen Leiter, der voller Vitalität und Ausstrahlungskraft schon im Alter von 30 Jahren starb. Er hatte einen gewaltigen Aktionsradius. Seine außergewöhnlich kreative Art, Menschen zu faszinieren, übertraf alles, was ich bisher kennengelernt habe. Die Art und Weise, wie er mit Menschen umging, war in jeder Hinsicht außergewöhnlich.

Ich habe viel von ihm lernen können. Aus dem Windschatten seines Vorbildes sind viele hochprofilierte Leiterpersönlichkeiten hervorgegangen, die er zum Teil selbst ausgebildet hat. Obwohl er Zuversicht und Vertrauen vermittelte, unterwarf er sich nicht der Tradition. Er ging Wege, die vor ihm keiner gegangen war. Die Konsequenz, mit der er seine Ziele verfolgte, sowie sein Lebensstil lösten große Kontroversen aus. Er geriet in Verruf und wurde getötet. Ich bin immer noch mit ihm befreundet. Sein Name ist Jesus.

Kreativer Reichtum ist weder in verknöcherten Traditionen zu finden noch bei denen, die alte Systeme pflegen und aufrechterhalten. »Was sucht ihr den Lebenden unter den Toten?« Vom Heiligen Geist inspirierte Menschen denken und tun oft Dinge, die vor ihnen noch keiner getan oder gedacht hat. Was diese Menschen außergewöhnlich macht, ist, daß sie sich weder ihrem Erfahrungshorizont noch ihrer Tradition unterwerfen.

Kleine Gedanken – große Wirkung

Von George Washington Carver, einem amerikanischen Erdnuß-Farmer, wird berichtet, daß er morgens in den Wald ging, um um Weisheit zu beten. Als er betete: »Herr, warum hast du die Welt erschaffen?« erhielt er folgende Antwort: »Kleiner Mann, das ist zu groß für dich, frag nach Kleinerem.« George Washington Carver fragte weiter. »Herr, warum hast du den Menschen erschaffen?« Die Antwort lautete: »Kleiner Mann, das ist immer noch zu groß für dich. Frag nach etwas Kleinerem.« Nach einigen Überlegungen, etwas gedemütigt, stellte er erneut eine Frage: »Herr, warum hast du die Erdnuß erschaffen?« Die Antwort lautete: »Das ist genau die richtige Größe.« Carver, der ein Mann Gottes war, begab sich betend ins Labor und entdeckte 153 Verwendungsmöglichkeiten für die Erdnuß. Auf diese Weise veränderte er in nachhaltiger Weise die Landwirtschaft der USA!

Interessant ist auch die außergewöhnliche Entstehungsgeschichte einer Gemeinde in Los Angeles. Robert Schuller empfing von Gott den Auftrag, eine Gemeinde zu gründen. Schuller hatte weder Finanzen noch Räumlichkeiten. Das einzige Gemeindeglied in jenen Tagen war seine Frau. Im Gebet kam ihm der Gedanke, den Besitzer eines großen Autokinos zu fragen, ob dieser ihm nicht das Drive-in-Kino für gottesdienstliche Zwecke zur Verfügung stellen könnte. Nachdem der Besitzer bejaht hatte, setzte Schuller eine Anzeige in die Zeitung, in der er zur ersten Drive-in-Gemeinde Amerikas einlud. Wie zu erwarten, schlug diese Idee wie eine Bombe ein.

Ich brauche wohl nicht zu erwähnen, daß bei einem solch außergewöhnlichen Mann die Autoflotte von Sonntag zu Sonntag größer wurde. Originalität zieht viele Beobachter und Zuhörer an. Gesalbte Originalität bringt die Kirchen zum Platzen. Viele Kirchen ziehen die Kreativitätsbremse, noch bevor sie überhaupt losgefahren sind. Als Alternative werden emotionslose Rituale der Langeweile inszeniert, hilflose Versuche, Begeisterung zu erzeugen.

Leiter fördern Kreativität

Was wir in unseren Hauskreisen und Gemeinden brauchen, ist eine Struktur, die Kreativität erlaubt. Für unseren Gottesdienst erarbeitete z.B. ein Hauskreis mehrere interessante Beiträge. Neugierde weckten die lila T-Shirts mit der Nummer 05 und einem christlichen Motiv, die sie als Gruppe geschlossen trugen (die Nummer 05 stellte die Nummer ihres Hauskreises dar). Der junge Hauskreisleiter verstand es in großartiger Weise, seine Mitglieder zu kreativen Ideen zu mobilisieren und obendrein ein gesundes Wir-Gefühl in der Gruppe zu erzeugen. »Unser Hauskreis ist der Beste«, sagte einer der Mitglieder. Begeistert von seinem Hauskreis oder der Gemeinde zu sein – das hat etwas mit einer Struktur zu tun, die Kreativität erlaubt!

In der ersten Gemeinde des amerikanischen Pastors John Wimber kam ein Mann namens Ron, der kaum zwei Sätze zusammenhängend sprechen konnte, mit folgender Bitte auf John zu. »John, ich war Weltmeister im Motor-Cross-Fahren. Ich würde gern für Jugendliche einen Motorradclub starten, der der Gemeinde angeschlossen ist.« John zweifelte noch etwas an Rons pädagogischen Fähigkeiten, doch nach kurzem Überlegen half er Ron, eine Genehmigung von der Stadt für ein matschiges, hügeliges Gelände zu erwerben, das für diese Zwecke geeignet schien.

Beim ersten Motorradtreffen kamen über 50 Jugendliche zusammen. Altprofi Ron setzte sich auf seine Maschine, fuhr die Todespiste rauf und runter und vollbrachte waghalsige Kunststücke. Die Jugendlichen waren begeistert. Endlich war hier einmal ein Erwachsener, der sie verstand und Zeit für sie hatte. Ron fragte sie: »Wollt ihr das auch können?« Alle antworteten mit einem ja. Ron sagte: »Dann solltet ihr Jesus kennenlernen.« Er bat sie, auf die Knie zu gehen und Jesus in ihr Herz aufzunehmen, was übrigens die allermeisten Jugendlichen schon beim ersten Treff taten. Durch Rons Motorradclub fanden buchstäblich Hunderte zum Herrn und somit in die Gemeinde.

Jeder kann kreativ sein

Vielleicht denkst du, es wäre toll, einen solchen Motorradclub in eurer Gemeinde zu haben. Da ihr keinen Ron habt, werdet ihr mit großer Wahrscheinlichkeit auch keinen Motorradclub haben. Was jede Gemeinde aber mit Sicherheit hat, ist eine Fülle verborgener Ideen und Talente, die bisher aufgrund von Tradition und bestehender Strukturen nicht zum Zuge gekommen sind.

Im Christlichen Zentrum Frankfurt haben wir einen jungen Mann, der nur so von kreativen Ideen sprüht. In seinem Leben hat er noch keine Ausbildung gemacht, jedoch gelingt ihm alles, was er anfaßt. Als Lebenskünstler kam er immer brillant über die Runden. Eines Tages sagte er: »Ich möchte euch eine neue Kanzel bauen lassen, die ich persönlich entworfen habe.« Er zeigte Rudi und mir eine Zeichnung. »Seid ihr damit einverstanden?« Wir waren es. Ich bin sicher, daß wir inzwischen die außergewöhnlichste Kanzel von ganz Deutschland besitzen! Jeder Gastredner hat durch sie die Möglichkeit zu einem wunderbaren »Einstieg«.

Als wir zusätzlich zu unseren bisherigen Räumen einen

neuen Versammlungssaal von 1.100 Quadratmetern anmieteten, war auch unser Künstler wieder zur Stelle. Da wir seine Gabe inzwischen zu schätzen gelernt hatten, hat die Lagerhalle durch seine kreative Unterstützung eine außergewöhnliche Note erhalten.

Kreative Ideen müssen von Gott kommen

Der Schöpfer ist immer größer als seine Schöpfung. Der Künstler ist größer als sein Bild, der Komponist größer als seine Komposition. Der Denker ist größer als sein Gedanke. Der die Träume schenkt ist größer als der, der sie im Schlaf empfängt.

Eine Gefahr, die ich in der New-Age-Bewegung und im Humanismus sehe, ist, daß das Geschöpf Schöpfer spielt. Das Unterbewußtsein wird zum Schöpfer hochstilisiert, das Antworten auf alle Fragen hat. Die alte Platte: »Ihr werdet sein wie Gott« wird wieder einmal aufgelegt. Auf diese Weise will das Bild Künstler sein und der Ton will dem Töpfer Vorschriften machen (vgl. Jes. 45,9).

Josef hatte sich seinen Traum nicht durch seine Vorstellungskraft erschaffen, sondern er empfing ihn von Gott. Gott pflanzt große Träume und Visionen in die Herzen derer, die nicht oberflächlich, sondern dankbar, treu und würdig mit der Vision umgehen. Hierbei handelt es sich um Menschen, bei denen die Saat auf fruchtbaren Boden fällt. Ihr Herz ist nicht an Kritik erkrankt, sondern voller Glauben. Solche Menschen wissen ganz genau, daß sie nicht der Autor der Vision sind, sondern lediglich der Empfänger und Haushalter.

Echte Zusammenarbeit mit dem kreativen Schöpfer durch den Heiligen Geist beschert uns eine Vielfalt großartiger Ideen, Erfindungen und Pläne. Wir sind dem normalen Sterblichen, der keine Beziehung zu Gott hat, um eine halbe Ewigkeit voraus, wenn wir Gottes Gedanken, Impulse und Anregungen aufnehmen und im Glauben umsetzen.

Ist das nicht die wirkliche Alternative zu einem frommen Verliererhumpeln, in dem man wehleidig der Welt und dem Teufel hinterherhinkt? Rudi drückte es einmal so aus: »Fromm sein heißt doch nicht, daß wir unserer Zeit hinterher leben.« Wenn du ein Leiter bist, so mache deine Leute auf die Bedeutung kreativen Denkens aufmerksam. Fördere ihre Kreativität. Gib ihnen Raum, sich einzubringen. Laß nicht zu, daß gesetzliche Status-quo-Typen die Entwicklung im Reich Gottes blockieren.

Der höchste Grad an Kreativität spielt sich auf der geistigen Ebene ab, hier ist das wichtigste Betätigungsfeld deiner Kreativität. Das Evangelium z.B. sollte immer lebendig und farbenfroh präsentiert werden. Das sind wir unserem Vorbild Jesus schuldig, der immer farbenprächtig, lebensnah und in Bildern redete. Wenn Predigten ungefährliche Ursachen ohne Folgen sind, bleiben sie für Gott unrentabel. Unsere Gemeinde verdient die beste Predigt, unsere Mitarbeiter die größte Aufmerksamkeit und die Menschen, die wir gewinnen wollen, den besten Glaubensgrundkurs. Das Werk Gottes soll ja nicht lässig betrieben werden (Jer. 48,10). Jesus hat keine phantasielosen Strohköpfe an der Spitze seiner Armee verdient.

Kreativität ist Arbeit

Kreative Ideen sind kein Zufallsprodukt, das uns einfach in den Schoß fällt. Wer mit dieser Vorstellung lebt, wird nur selten mit einer wirklich kreativen Idee beschenkt. Ich habe nur sehr selten erlebt, daß jemand durch und durch originell war und ständig neue Ideen hervorzauberte, ohne daran zu arbeiten.

Kreative Personen greifen außergewöhnliche Impulse, die sie in ihrer Umgebung finden, auf, aktualisieren sie, verknüpfen sie zu Neuem. Altbewährtes in einer neuen Verpackung zu präsentieren, das macht kreative Leitung aus.

Ich habe immer wieder erfahren, wie Gott mir Gedankenbausteine zukommen läßt, wenn ich mich hinsetze, um zu beten, zu denken und zu planen. Oft erlebte ich, daß durch Gebet eine von unsichtbarer Hand vorbereitete Präzisionsarbeit fertiggestellt wurde: In der Zusammenarbeit mit dem Heiligen Geist kristallisierte sich ein für die Gemeinde aktueller Bibeltext heraus. Im nächsten Moment führte mich der Herr mit einer Person zusammen, die mich zu weiteren, für die Predigt relevanten Gedanken anregte, die wiederum ihre Ergänzung in einem Buch fanden, das ich gerade geschenkt bekommen hatte. Es ist nichts Außergewöhnliches, wenn all diese Elemente schließlich eine kreative, aktuelle und inspirierte Predigt ergeben, die mir und den Hörern durch Mark und Bein geht.

Wenn du betest, denkst und planst, erwarte immer, daß der Himmel in Bewegung kommt. Gerade bei Zielfindungsprozessen sollten wir viel Zeit für Gebet und Stille aufwenden. Hierin liegt ein großer Teil des Geheimnisses wahrer Leiterschaft. Lege eine Ideenbörse an, in der du deine Gedanken sammelst:

- Bringe die Ideen zu Papier.
- Male Schaubilder.
- Sammle Illustrationen und Anekdoten.

Wenn du originelle Ideen systematisch sammelst, wirst du immer aus dem Vollen schöpfen können. Ich neigte anfangs dazu, einen Großteil der Gedanken, die ich mir aufgeschrieben hatte, in den Papierkorb zu befördern, um nur mit Ideen zu arbeiten, die gerade für mich wichtig waren. Dies war ein fataler Fehler. Heute bewahre ich alle Gedanken, die Gott mir geschenkt hat, auf, um gegebenenfalls zu einem späteren Zeitpunkt auf sie zurückzugreifen. Die Menschen, für die wir verantwortlich sind, verdienen die beste Versorgung durch eine gut geführte Ideenbörse.

Widerstand gegen Kreativität

Jeder kreative Mensch weiß: Neue Ideen stoßen auf Widerstand. Ein wütend aufgebrachter Bankier befahl einem Erfinder, sein »Spielzeug« schleunigst aus seinem Büro zu entfernen. Das Spielzeug war das erste Tefefon, heute unser Hauptkommunikationsmittel.

Der Bestsellerautor Frank E. Peretti, zur Zeit der am meisten gelesene christliche Autor in den USA, versuchte seine Bücher bei 14 amerikanischen Verlagen an den Mann zu bringen – und erhielt von allen eine Absage. Auch sechs deutsche Verlage sagten nein, als sie die Bücher angeboten bekamen.

Aber Peretti gab nicht auf – und seine Bücher erreichten Millionenauflagen, um die sich heute die Verlage reißen. Eine 30-Millionen-Dollar-Verfilmung seines ersten Romans ist bereits in Vorbereitung.

Vielleicht hast auch du ein neues »Spielzeug«, eine neue Idee für die Gemeinde oder den Hauskreis. In den allermeisten Fällen wirst du damit wie Noah auf erheblichen Widerstand stoßen. Mache dir klar, daß du in absolut guter Gesellschaft bist.

Prinzip 6:

Leiter können nein sagen

Da ich vor einigen Jahren beschloß, mein Bestes für Gott zu geben, wollte ich, wie so viele meiner Vorbilder, ein geistlicher »Hans Dampf in allen Gassen« sein. Schon nach kurzer Zeit hatte dieser Lebensstil mich zu einem »Vater zwischen Tür und Angel« gemacht, und ich fühlte mich sowohl geistlich als auch familiär ausgelaugt.

Manchmal ist man als Leiter wie der Esel, der sich vor jeden Karren spannen läßt. Wir vergessen zu schnell, daß ein Esel nur einen einzigen Wagen ziehen kann. Man kann, wenn man auf zwei Hochzeiten tanzt und in vier Vereinen mitmischt, unmöglich effektiv sein. Man kann nicht in zwei Gemeinden sein und langfristig üppige Frucht bringen. Jeder von uns muß wissen, wo er geistlich beheimatet ist.

Entscheidungen können schmerzen

Im Zuge des Aufbaus unserer Wiesbadener Gemeinde wurden Sabine und ich zunehmend zu Pendlern zwischen unserer »alten« Gemeinde in Frankfurt und der neuen in Wiesbaden. Es war, als ob wir zwischen zwei Stühlen säßen. Wir fühlten uns irgendwie geistlich heimatlos. Mit der Entscheidung, von Frankfurt nach Wiesbaden zu ziehen, um dort die Gemeinde zu leiten, kam neben dem noch vorhandenen Trennungsschmerz endlich die vielersehnte Entlastung.

Gerade Leiter stehen in der Gefahr, zu viele Dinge auf einmal zu tun. Inzwischen zieht es mich nicht mehr in Meetings, Komitees und geistliche Jobs, die einem anfangs ja so sehr schmeicheln. Ausgebrannt von Termin zu Termin hecheln –

ist das der Sinn des Lebens? Nur wer lernt, klar nein zu sagen, kann sich auf die Ziele konzentrieren, die Gott ihm gegeben hat.

Deshalb heißt eines der wichtigsten Worte im Wortschatz eines Leiters »Nein«. Dieses Wort kostet uns Kraft, Mut und Entschlossenheit. Es rettet uns vor Infarkten, Ausbrennen, Nervenzusammenbrüchen und Größenwahn. Darüber hinaus ist es das zeitsparendste Wort. Sage nein, wenn möglich, und ja, wenn nötig.

Leiter sind besonders anfällig

Da Leiter fast immer Kristallisationspunkte für menschliche Nöte sind, stehen sie in besonderer Gefahr. Ich erinnere mich noch gut, wie genau in der Zeit, wo bei mir alles drunter und drüber ging, meine älteste Tochter hustete, meine Frau Migräne hatte, meine Jüngste eine Spreizhose bekam und mein Hals total weh tat, es natürlich auch im Hauskreis Probleme gab. Prompt klingelte nachts um 4.00 Uhr das Telefon, und eine verzweifelte Seele meldete sich.

»Hier ist Margot. Andreas, ich habe wieder mal panische Angst und fühle mich verfolgt. Ich drehe gleich durch und springe aus dem Fenster. Hilf mir bitte.« Mit Gottes Hilfe gelang es mir, den Sturm ihrer Gefühle in zehn Minuten zu stillen, wobei sie mir am Ende des Gespräches schon fast am Hörer einschlief. Nach dem Gespräch schlief *sie* gut, wogegen *ich* mich wie jemand fühlte, der drei Liter Kaffee getrunken hatte – und folglich bis morgens wach im Bett lag.

Jeder Leiter wird die Erfahrung machen, daß es das Anliegen des Feindes ist, uns uneffektiv zu machen. Er kämpft immer dort am härtesten, wo für ihn am meisten auf dem Spiel steht. Bevor er die Treibjagd eröffnet, vernebelt er uns gehörig die geistliche Front. Schlaflos und ausgelaugt – so mag er uns am liebsten. In solchen Tagen kann man mit Sicherheit davon ausgehen, daß die Seelsorgefälle sich überproportional häufen. Wenn wir dann nicht in der Lage sind, entschlossen nein zu sagen, wird das Resultat Entmutigung, Lustlosigkeit und Resignation sein.

Satans Strategie widerstehen

Nach einem arbeitsreichen und chaotischen Tag meldete sich in der Nacht eine junge Dame am Telephon, die davon erzählte, daß sie einmal in unserem Gottesdienst gewesen sei. Sie sagte: »Herr Herrmann, da ist ein Junge, ein Freund, der will Selbstmord machen. Könnten Sie mir in dieser Angelegenheit helfen?«

Der junge Mann hieß Karl und war total besoffen. Ich hatte schon lange keinen Karl in der Seelsorge, der besoffen war und über Suizidgedanken meditierte. »Warum alles auf einmal?« fragte ich mich. Da ich ein solches Gespräch sehr ernst nehme, setzte ich mich intensiv mit Karl auseinander. Nach einem langen Gespräch und viel Gebet schien Karl wieder vernünftig zu werden.

Die Ereignisse und Problemfälle überschlugen sich auch in den nächsten Tagen. Wann immer ich eine solche überproportionale Problemanhäufung feststelle, die mich leicht zur Resignation bringen kann, fange ich an, im Gebet gezielt gegen satanische Attacken anzugehen. Im Namen Jesu sage ich laut »Nein« zu weiteren Problemanhäufungen – und lege gelegentlich den Telefonhörer neben den Apparat. Bis zum heutigen Tag haben diese Gebete nie versagt. Erkenne deine Grenzen, sei mutig und – sage nein.

Laß dir nicht die Zeit stehlen

Inzwischen habe ich festgestellt, daß an solchen Tagen viele Beziehungsfallen gestellt werden. Das Muster ist fast immer gleich. Jemand präsentiert sich als hilfsbedürftiges Opfer. Die Person macht einen auf unbeholfen und appelliert an den Beschützerinstinkt des Leiters. Sie aktiviert ein Märtyrerbewußtsein, mit dem sie ihr Liebesdefizit ausgleicht und Beachtung erzielt. Dies ist der ideale Nährboden für eine Fixierung auf Selbstmitleid. Deshalb sind Streicheleinheiten und Mitleid in dieser Situation keine Lösung. Eine solche Person wird ihr Leid nicht los, weil das Leid ja notwendig ist, um die »lebenswichtigen« Streicheleinheiten zu bekommen. Gibt sie es auf, entsteht ein Vakuum.

Wer von uns aber kann schon zu den wässrigen Augen eines Schoßhündchens, das uns das Herz bricht, nein sagen? Wie viele Christen wollen geistlich nicht gesund werden, sondern lieber Schoßhündchen bleiben! Hauskreisleitern, Seelsorgern und Gemeindeleitern wird auf diese Weise erbarmungslos die Zeit geraubt. Der passive Manipulator, der uns die Zeit stiehlt, macht zum Schluß immer einen auf ganz unschuldig. Hier hilft nur ein klares Wort der Konfrontation weiter, dem Verhaltensänderungen folgen müssen.

Manchmal hilft nur Härte

Eine Mutter, die nie nein zu ihren Kindern sagt, erzieht kleine Monster, die sie eines Tages nicht mehr bändigen kann. Die Erziehungsberatungsstellen sind voll von nach Orientierung schreienden Kinder, die entweder kein nein oder eine Überdosis dieses Wortes verabreicht bekamen.

Eine weitverbreitete Leiterschwäche besteht in der Auffassung, ein guter Leiter müsse es allen recht machen, um ja niemanden zu verlieren. Gerade mit dieser Einstellung aber kann die beste Arbeit ruiniert werden!

Unser Hauskreis wurde einst von einem Mann besucht, der regelmäßig zu spät kam und dann anfing, düstere, unausgegorene »Prophetien« von sich zu geben und religiöse Verwirrspiele anzuzetteln. Ständig spielte er sich in den Vordergrund.

Zunächst konfrontierte ich diesen Mann in Liebe unter vier Augen und machte ihn auf sein destruktives Verhalten aufmerksam. Obwohl er sein unpäßliches Fehlverhalten zugab, hielt er sich in den darauffolgenden Wochen konsequent an sein altes Verhaltensmuster. Ich ermahnte ihn noch einmal. Schließlich kam ich an den Punkt, daß ich ihn aus dem Hauskreis verwies und ihm verbot, in irgendeinen anderen Hauskreis der Gemeinde zu gehen. Als er schließlich noch einmal versuchte, in unseren Hauskreis zu kommen, ließ ich ihn, all seine religiösen Vorwände ignorierend, gar nicht erst in die Wohnung.

Einige Hauskreismitglieder waren sichtlich pikiert über meine konsequente Härte. Ich erklärte ihnen, daß ein Hirte im biblischen Sinne immer Verantwortung für die Herde hat und sie vor Wölfen im Schafspelz bewahren muß. Anschließend stellte ich der Person, die meine Entscheidung am heftigsten kritisiert hatte, folgende Frage: »Wer würde sich wohl am meisten freuen, wenn wir meinen Hauskreis teilen und du als Leiter diesen Menschen in deiner neuen Zellgruppe hättest?« Mein Kritiker sah ein, daß sein Hauskreis auf diese Weise wahrscheinlich binnen kürzester Zeit zerstört wäre.

Wer nein sagen kann, gewinnt Respekt

In einem anderen Hauskreis konfrontierte ich in aller Härte eine Frau, die regelmäßig zu spät kam und ein undiszipliniertes, unmoralisches Leben führte. Von ihrer Seelsorgerin wurde sie mit Samthandschuhen angefaßt. Ich sagte zu ihr: »Dein Lebensstil ist unter aller Kanone. Als Christ, der schon so viele Jahre den Herrn kennt, gibst du ein negatives Vorbild für die anderen ab. Ich werde es kein einziges Mal mehr billigen, daß du zu spät kommst. Wenn du schon zu spät losgehst, brauchst du gar nicht mehr zu kommen.«

Die Frau zuckte unter meinen Worten zusammen und wurde blaß im Gesicht. Nach einer halben Minute kam sie auf mich zu, drückte mir fest die Hand und sagte, sie sei dankbar für meine Härte, da sie gemerkt habe, daß alles andere bei ihr nur abpralle. Sie sagte, sie wolle ihr Leben in Ordnung bringen. Bis zum heutigen Tag kommt sie pünktlich. Sogar ihre Seelsorgerin verzeichnete nach dieser Konfrontation anhaltende Fortschritte.

Ein Leiter, der sein Fähnchen immer nach dem Wind hängt, verliert zunehmend sein Selbstwertgefühl. Wenn ein Leiter in seinem Inneren eigentlich »Nein« meint, aber aus Angst vor Konflikten ein »Ja« kommuniziert, steigt sein innerer Aggressionspegel. Da die Aggression sich bei solchen Personen nie nach außen, sondern stets nach innen richtet, leidet er bald an Depression, denn Depression ist nach innen gerichtete Aggression. Ein einfaches Wort könnte hier Heilung schenken.

Interessant ist, daß Leiter, die deutlich nein sagen, viel ernster genommen werden als diejenigen, die ständig nachgeben. Nachgebende Leisetreter übersieht und überhört man, während man von Menschen, die zu ihren Prinzipien stehen, noch lange spricht. Da Jesus kein kompromißfreudiger Leiter war, reden wir noch nach 2.000 Jahren von diesem »Stein des Anstoßes«. Als Christen sind wir nicht berufen, aus Angst vor Kritik ständig klein bei zu geben.

Dein Ja wird viel stärker geschätzt werden, wenn die Leute wissen, daß du auch deutlich nein sagen kannst. Ich glaube, daß Gott in einem solchen Fall furchtloser Nachfolge sagt: »Da ist endlich mal wieder einer, den ich wirklich gebrauchen kann.«

Wer nein sagt, kann zu anderem ja sagen

Lerne freundlich, aber bewußt nein zu sagen:

- Nein zu unnötigen, zeitraubenden Terminen
- Nein zu permanenten Unterbrechungen
- Nein zu unnötigen Einladungen
- Nein zu unbedeutenden Nebensächlichkeiten
- Nein zu Sitzungen und Konferenzen, die auch ohne dich gut laufen können
- Nein zur Arbeitsüberlastung
- Nein zu zuviel Fernsehkonsum und zuviel Schlaf.

Wer häufig genug nein sagt, gewinnt auch Zeit, in der er ja sagen kann:

- Ja zur persönlichen Zeit mit Gott
- Ja zur Planungszeit
- Ja zur Zeit mit der Familie
- Ja zu einer Zeit, in der wir neue Träume träumen
- Ja zum Treffen mit echten Freunden
- Ja zu deinem Hobby, wenn du noch eins hast.

Kapitel 7:

Leiter delegieren

Hans, ein Hauskreisleiter, machte einen sehr deprimierten Eindruck, als er verlangte, mich zu sprechen.

Ich fragte: »Was kann ich für dich tun, Hans?«

Er antwortete: »Weißt du, Andreas, mein Hauskreis ist in letzter Zeit wieder auf 20 Personen angewachsen.«

Ich antwortete: »Ist das nicht toll?«

»Doch, sicher ist das toll, ich will ja gar nicht kneifen. Aber in letzter Zeit fühle ich mich einfach überfordert. Ganz besonders, seitdem du mich gebeten hast, verantwortlich die Beratung der zwei anderen Hauskreisleiter zu übernehmen. Alles wächst mir über den Kopf. Ich habe das Gefühl, ich bin nicht einmal mehr meinem eigenen Hauskreis gewachsen. Die viele Verantwortung macht mich einfach fertig. Ich habe schon mit dem Gedanken gespielt, das Handtuch zu werfen.«

Ich versuchte, Hans neue Hoffnung zu vermitteln, indem ich sagte: »Hans, du bist ein exzellenter Hauskreisleiter, und jeder in deiner Gruppe wird das bestätigen. Unter deiner Leitung blühen die Leute nur so auf. Dein Hauskreis wurde schon einmal geteilt, und jetzt ist es bald wieder soweit. Ich glaube, ich kenne die Antwort auf dein Problem!«

Hans sah immer noch deprimiert aus. Offensichtlich erwartete er, daß ich ihn dazu zu bewegen versuchte, mit zusammengebissenen Zähnen weiterzumachen. Mir war klar, daß er Angst vor neuen Verantwortungen hatte. Ich erklärte ihm, daß er ein sehr verantwortungsvoller Mensch sei, der die Gruppenmitglieder liebt und sich auch seelsorgerlich um jeden einzelnen kümmert. Leider jedoch, sagte ich ihm, sei jeder Hauskreisleiter nur in der Lage, etwa 6-8 Personen intensiv und optimal zu versorgen, wogegen er es bei über 20 Personen versuche.

Christen, die sehr stark menschenorientiert sind, stehen immer in der Gefahr, auszubrennen. Sie sind wie eine Kerze, die man an beiden Seiten gleichzeitig anzündet.

Der Schlüssel, um mit diesem Problem fertigzuwerden, heißt Delegation. Ich erklärte Hans, daß sein Hauskreis sich fast ohne sein Zutun selbst versorgen könne, wenn er folgendes Prinzip beachte. Ich malte eine Skala von 1 bis 10 auf ein Stück Papier und sagte ihm: »Jede Ziffer entspricht dem spezifischen Leiterpotential einer Person. Die Person mit der Ziffer 2 hat z.B. sehr wenig Fähigkeiten, andere Personen zu leiten, wogegen die Person mit der Ziffer 10 das Maximum an Leitungsfähigkeit hat. Personen, die unterhalb unseres eigenen Leiterpotentials liegen, können wir besser leiten und fördern als die, die mehr Leiterpotential haben.«

Ich sagte Hans, daß er in Relation zu seinen Hauskreisteilnehmern ein Leiter mit dem Neunerpotential sei. Dann stellte ich ihm die Frage, welchen Ziffern (Personen) er sich in seinem Hauskreis am meisten widme. Wenn ich ein 9er bin, so beschäftige ich mich mit den 1ern, 2ern, 3ern und evtl. mit einigen 4ern. Mehr schaffe ich nicht. Ich bekomme ein schlechtes Gewissen, wenn ich an die vielen 5er, 6er, 7er und 8er denke.

Ich sagte ihm: »Dies ist genau dein Problem. Als Leiter mit Neunerpotential solltest du hauptsächlich Zeit und Energie in die 8er und 7er investieren. Laß sie sich um die 5er, 4er und 3er kümmern. Sie werden froh sein, endlich eine verantwortungsvolle Aufgabe zu haben. Außerdem hast du bestimmt noch einen 4er, der sich um die 2er und 1er kümmern kann. Mit diesem Delegationsprinzip kannst du den Mitgliedern deines Hauskreises eine echte Freude machen, denn nahezu jedes Mitglied des Kreises übernimmt Verantwortung für eine andere Person.«

Ich sagte Hans, er solle seine ganze Energie in das personelle Kraftzentrum, also die Verantwortungsträger seines Hauskreises, investieren, denn diese würden den Rest der Arbeit gern für ihn erledigen.

Seine Augen fingen wieder an zu leuchten, als er sagte: »Ich glaube, du hast recht, Andreas. Ich werde es versuchen.« Inzwischen wendet Hans dieses Prinzip konsequent an. Seitdem ist er ein begeisterter Supervisor und Hauskreisleiter, der seine Arbeit gut, effektiv und gerne macht.

Die 80:20-Regel

Empirische Untersuchungen belegen, daß wir mit 20 Prozent unseres Einsatzes im Durchschnitt 80 Prozent unserer Ergebnisse erzielen. Ein Geschäftsmann z.B. macht im Durchschnitt mit 20 Prozent seiner Produkte 80 Prozent seiner Umsätze. 20 Prozent seiner Zeit sind für 80 Prozent seiner Verkäufe verantwortlich.

Diese 80:20-Regel gilt auch für christliche Leiter. Normalerweise fließt der größte Teil der Zeit und Energie, die wir zur Verfügung haben, in die Bereiche unserer Arbeit, die nur zum geringsten Teil zum Erfolg beitragen. Wenn wir mehr Energie auf die wirklich entscheidenden Bereiche verwenden, können wir, ohne zusätzliche Zeit aufzuwenden, unsere Effektivität enorm steigern.

Deshalb ermutigte ich Hans, seine Zeit und Energie in das (potentielle) Kraftzentrum seines Hauskreises zu investieren, da er damit rechnen konnte, auf diese Weise 80 Prozent des gewünschten Effektes zu erzielen. Seine Aufgabe besteht seitdem mehr im Überwachen und Delegieren von seelsorgerlichen Tätigkeiten, anstatt diese Aufgaben selbst auszuführen.

Erst als Mose das Prinzip des Delegierens von seinem Schwiegervater Jethro beigebracht bekam, ließ die gewaltige Anspannung nach, die auf seinem Leben lag. Und das Volk Israel wurde weitaus besser versorgt, als dies vorher der Fall gewesen war.

Prinzip 8:

Leiter sind Diener

Es gibt Hirten, die mehr an der Wolle als am Wohle ihrer Schafe interessiert sind. Ihre Schafe werden ein bis zweimal im Jahr gefüttert und das ganze Jahr über gemolken.

Wieder andere Hirten beschränken sich darauf, lediglich die langhalsigen Giraffen, von denen sie sich Anerkennung, Profit, Prestige und Status erhoffen, zu versorgen, wogegen die kleinen Schafe regelmäßig leer ausgehen. Dies geschieht meist durch einen theologisch-intellektuell frisierten Sprachcode, mit dem sie bei den »Giraffen« Eindruck schinden wollen. Ihre Schafe aber bleiben unversorgt.

Viele Christen verstehen Leiterschaft völlig falsch. Sie meinen, Leiterschaft habe mit Anerkennung, Position und Status zu tun. Sie beten: »Herr, sende mich nicht zu den armen, kaputten oder psychisch angeknacksten Menschen. Das mag ich nicht. Herr, bitte schicke die anderen Arbeiter in die dornigen Gebiete deines Weinberges. Herr, du weißt doch, daß ich viel lieber im Rampenlicht stehe und dein Wort unverfälscht verkündige. Gib mir doch eine schillernde, illustrative Botschaft. Herr, wenn unsere Arbeit in dieser Stadt wächst, schenke mir doch ein Haus außerhalb der Stadt, wo die Luft sauberer und gesünder ist. Amen.«

Tatsache ist, daß auch das dümmste Schaf eine solche Egozentriertheit spürt und sich innerhalb kürzester Zeit den Weideplatz einer Herde sucht, die von einem guten Hirten geleitet wird.

Ein mir bekannter Leiter, dem mehr an einem gesicherten Einkommen als an seiner Herde lag, überließ seine Leute ihrem Schicksal, um sich einer gut dotierten Stelle zuzuwenden. Hätte er für eine gewisse Zeit den Gürtel enger geschnallt und eine Zeitlang von Wasser und Brot gelebt, so hätte seine Herde unter seiner Leitung enorm wachsen und ihn auch besser versorgen können. Ein anderer mir bekannter Leiter nutzte die falsche Abhängigkeit seiner Schafe dahingehend aus, daß diese für sein persönliches Wohl ackern mußten.

Die Bibel warnt an vielen Stellen vor falschen Leitern, die nur an sich selbst denken und leichtfertig die Schafe verlassen (vgl. Jes. 56,10-12; Jer. 23,2; Hes. 34,2-3; Joh. 10,12).

Das Beispiel des guten Hirten

Im Gegensatz zu diesem Fehlverhalten zeigt uns Jesus den richtigen Umgang mit dem uns anvertrauten Nächsten. Er sagt: »Ich bin der gute Hirte, der gute Hirte läßt sein Leben für die Schafe. Wer Mietling und nicht Hirte ist, wer Schafe nicht zu eigen hat, sieht den Wolf kommen, verläßt die Schafe und flieht – und der Wolf raubt und zerstreut sie ... Ich bin der gute Hirte, und ich kenne die Meinen und ich bin bekannt den Meinen« (Joh. 10,11-13).

Wirkliche Hirten sind bereit, ihr Herzblut zu vergießen und für die Gemeinde oder den Hauskreis zu kämpfen und zu ringen. Wenn ich in diesem Kapitel von »Hirten« spreche, so meine ich nicht nur Pastoren oder hauptamtliche Mitarbeiter, sondern ganz besonders die vielen Hauskreisleiter, die sich liebevoll um das geistliche und persönliche Wohl ihrer jeweiligen »Herde« kümmern. Für mich ist jeder Hauskreisleiter der Hirte einer Herde, die er in Verantwortung vor Gott und dem Gemeindeleiter versorgen soll.

Ein Leiter muß eine beziehungsorientierte Person sein, die Interesse am einzelnen Menschen hat. Jeder Leiter muß sich folgende Fragen stellen: Bin ich bereit, mich den Belastungen auszusetzen, die von den Menschen ausgehen, die zur Herde gehören? Ist meine Familie, sofern vorhanden, bereit und in der Lage, einen solchen Preis zu zahlen? Die Basis für jede Form von Leiterschaft ist eine tiefe Liebe zu Jesus und den Menschen.

Ein Produkt kann einen großen Marktanteil gewinnen, wenn es qualitativ hochwertig ist und die Bedürfnisse der Kunden befriedigt. Deshalb ist jeder vernünftige Hersteller daran interessiert, daß seine Produkte diesem Maßstab entsprechen. Wir können die »Marktanteile« mit der Autorität vergleichen, die ein Leiter gegenüber seinen Leuten gewinnt, wenn er darauf achtet, daß er auf deren Bedürfnisse eingeht.

Die Autorität eines Dieners

Zum Leiter wird man nicht durch die Gesetze der Ellbogengesellschaft, sondern durch Dienerschaft. »Wenn jemand unter euch groß sein will, wird er ein Diener sein, und wenn jemand unter euch der Erste sein will, wird er euer Sklave sein, gleichwie der Sohn des Menschen nicht gekommen ist, um bedient zu werden, sondern um zu dienen und sein Leben zu geben als Lösegeld für viele« (Mt. 20,26-28).

Der Meister selbst band sich die Schürze um und wusch die schmutzigen Füße seiner Jünger. Die Autorität eines Leiters resultiert nicht aus seinen Ämtern oder seiner Position, sondern aus der Aufrichtigkeit seines Dienens. Bevor Elisa zu einem der berühmtesten Führer im Volk Israel wurde, diente er Elia, indem er ihm Arbeit abnahm und u.a. die allergeringsten Botengänge für ihn erledigte (1. Kön. 19,21). Der Knabe Samuel diente in ähnlicher Weise dem Herrn unter Eli (1. Sam. 3,1), bevor er zum geistlichen Leiter heranreifte. Josua diente Mose und dem ganzen Volk, bis der Zeitpunkt kam, wo Gott sagte: »So wie ich mit Mose war, so will ich mit dir sein.«

Georg Schubert, ein Mitarbeiter von »Jugend mit einer Mission«, begann seine Leiterkarriere damit, daß er im Schloß Hurlach einen Schweinestall wartete, ihn ausmistete und die Schweine fütterte. Aus kleinen Ferkeln wurden unter seiner liebevollen Pflege fette Schweine, die zu kulinarischen Leckerbissen für die Schloßbelegschaft heranreiften. Später diente Georg mit gleicher Hingabe den Menschen, die ihm anvertraut wurden. Da seine Autorität durch Dienerschaft in gesunder Weise wuchs, wurde er schließlich zum Leiter der gesamten Arbeit von »Jugend mit einer Mission« in Altensteig.

Als Leiter, der das in Matthäus 20 aufgestellte Prinzip nicht nur verstanden, sondern auch umgesetzt hatte, war er in der Lage, durch sein Vorbild viele christliche Leiter hervorzubringen, die seine Schule durchliefen. Auch in meinem Dienst konnte ich einen erheblichen Autoritätszuwachs feststellen, als ich zwei Jahre lang unzähligen Menschen durch eine intensive Seelsorgearbeit in Frankfurt diente.

Epheser 5,21 spricht davon, daß wir uns in der Furcht Christi einander unterordnen sollen. In diesem Sinne verstehe ich auch die geistliche Partnerschaft mit Rudi Pinke. Daß wir uns untereinander unterordnen, ist für unseren Dienst von entscheidender Bedeutung: Es ist ein Schutz für uns selbst und für die Menschen, die Gott uns anvertraut hat. Wer sich selbst nicht unterordnen kann, wird nie Autorität vermitteln können.

Leiterschaft und Gebet

Leiter, die sich selber als Diener verstehen, beten viel für ihre Herde. Leiter, die erst dann anfangen zu beten, wenn das Kind in den Brunnen gefallen ist, sind wie der Pilot einer Militärmaschine, der zur Kontrollstation durchfunkte: »Linke Treibfläche abhanden, Fahrgestell abgebröckelt, Sicht beträgt 1.000 Meter, Ladung Nitroglycerin.« Sofort erhielt er aus dem Tower folgende Anweisung: »Bitte wiederholen Sie. Vater unser, der du bist im Himmel, geheiligt werde dein Name, dein Reich komme, dein Wille geschehe ...«

Manche Leiter unterliegen dem fatalen Mißverständnis, daß Gebet vor allem etwas für harte Notfälle und Bruchlandungen des Lebens sei. Leiter jedoch, die wirkliche Diener sind, glauben an die Kraft, die von ihren Gebeten ausgeht. Und ihre Resultate sind durchweg besser als die der Leiter, die vom Alltagsgeschäft so »vollgestopft« sind, daß sie nicht die Ruhe finden, im Gebet für ihre Herde einzutreten.

Eines meiner größten Anliegen als Leiter ist es, genügend Zeit zum Gebet zu haben. In dem Maße, wie mir das gelingt, erlebe ich die Vollmacht Gottes: in meinen Predigten, beim Gebet für die Kranken, beim Befreiungsgebet für Belastete oder aber in der Beratung und Seelsorge. Leider werde ich, wie wahrscheinlich fast jeder Leiter, immer wieder durch die »Tyrannei des Dringlichen« mit Unwesentlichem vollgestopft und muß mich erst von diesem Ballast frei machen, um für das Wichtige Zeit zu haben: das Gebet.

Da ich weiß, daß ein diszipliniertes Gebetsleben zu den wichtigsten Aufgaben eines Leiters gehört, ringe ich bei der Vertiefung meines Gebetslebens immer wieder mit mir, bis ich einen neuen Durchbruch erlebe. Wir Leiter sollten lernen, an der richtigen Stelle zu kämpfen, denn jeder von uns besitzt mehr explosive Gebetskraft, als ihm bewußt ist.

Bete zum Abschluß dieses Kapitels folgendes Gebet mit mir:

»Herr Jesus, hilf mir, deine Herde richtig zu füttern und zu versorgen. Zeige mir, wie ich die Herde zusammenhalten und vor Schaden bewahren kann. Du weißt, daß ich als Leiter den Auftrag habe, deiner Herde zu sagen, wo es langgeht und wie wir dahinkommen. Leite mich durch deine Wegweisung, die durch dein Wort kommt. Erfülle mich mit Kraft und Ausdauer für dein Werk, mit Liebe und Zuversicht für alle Personen, für die ich verantwortlich bin. Gib mir die Kraft, als gutes Beispiel voranzugehen, die Verwundeten und Schwachen zu heilen und zu stärken. Zeige mir, wie ich auferbauen und Hoffnung vermitteln kann. Laß mich ein kühnes Vorbild im Glauben und in der Ausübung der mir verliehenen Geistesgaben sein. Ich danke dir, daß du, der du das gute Werk in mir begonnen hast, es auch zu Ende führen und mich zu einem guten Leiter nach deinem Vorbild formen wirst. Amen.«

Prinzip 9:

Leiter sind Vorbilder

In der Zeit, als ich selbst noch kein Leiter war, lernte ich sehr viel von einem Mann, dessen aufopferungsvolle Hingabe mich beeindruckte. Bei ihm war es nicht ungewöhnlich, daß er – obwohl er als Chef einer Firma morgens früh wieder fit sein mußte – nachts um zwei ins Auto stieg, um zum Beispiel eine Frau, die ihrem Mann davongelaufen war, zu suchen und mit ihr zu reden. Diese Hingabe, die ich hautnah miterlebte, hat mich nachhaltig geprägt.

Das Denken und Handeln vieler Menschen ist heutzutage von der Instant-Erwartung einer Druckknopfgesellschaft durchsetzt. Man will erfolgreicher Leiter sein, ohne einen Preis dafür zu bezahlen. Man möchte anerkannt und bestätigt werden, ohne etwas dafür zu tun. Man möchte eine Position, ohne jedoch Verantwortung zu übernehmen. Man möchte geliebt sein, ohne selbst Liebe und Wärme zu geben. Man möchte andere anleiten, ohne selbst Belehrung entgegenzunehmen. Jeder möchte, daß man ihm zuhört, aber hören wir selber richtig zu? Wir möchten verstanden sein. Geben wir uns Mühe, andere zu verstehen?

Die Bedeutung des Charakters

Jesus gibt einer Gesellschaft, die erfolgsorientiert nach Instantrezepten greift, eine brillante und ungeheuer weise Anweisung: »Alles nun, was ihr wollt, daß euch die Menschen tun sollen, das tut ihr ihnen auch. Denn darin besteht das Gesetz und die Propheten« (Mt. 7,12).

Biete deiner Familie, deinen Freunden, deinen Leuten das

Beste an, was du zu geben hast, denn Leiter leben ihre Botschaft. Der Segen der Verheißung liegt auf dem Geben, nicht auf dem Nehmen. Schon unseren Kindern sollten wir großzügiges Geben beibringen. Wir sollten auch nicht vergessen, ihnen klarzumachen, daß alles seinen Preis hat und daß es auf dem Weg zu Wachstum und Reife keine Abkürzungen gibt.

Gehen wir als gutes Beispiel voran und leben wir unseren eigenen und geistlichen Kindern diese Wahrheiten vor. Dwight L. Moody sagte: »Charakter ist unverkennbar – sogar in der Dunkelheit.«

Am eigenen Charakter arbeiten

Charakterentwicklung ist harte Arbeit. Wir alle haben ja schon gewisse Kämpfe mit uns selbst ausgestanden. Genauso wie eine bestimmte Anzahl von Zigaretten, die wir täglich konsumieren, uns zum Raucher macht, machen uns eine gewisse Anzahl von guten geistlichen Werten und Handlungen zunehmend zu einem Jesus-Jünger mit Charakter. Positive Charaktereigenschaften sind lernbar! Wir haben die freie Wahl, uns neue Gewohnheitsziele zu setzen, sie schriftlich zu formulieren, auswendig zu lernen und einzuüben – oder so zu bleiben, wie wir sind.

Nur Leiter, die selber mit gutem Beispiel voran gehen, können auch erwarten, daß Menschen ihnen folgen. Ein vorbildlicher Lebensstil vermittelt den Mitarbeitern jene Sicherheit, die sie dringend brauchen. Etwas, was alle erfolgreichen Leiter gemeinsam haben, ist, daß sie alle gern und viel arbeiten und sich fortbilden. Sie vermitteln durch ihr Beispiel Arbeitslust, denn Arbeit soll Spaß machen.

Vorbildliche Leiter sagen nein, auch wenn sie sich unbeliebt machen. Sie sind auch dann geduldig, wenn es ihnen gerade schwerfällt. Sie sind fröhlich, auch wenn der Himmel gerade nicht voller Geigen hängt. Sie gehen voran, auch wenn sie am liebsten aufgeben würden. Sie praktizieren Selbstdisziplin, auch wenn ihnen nicht danach zumute ist.

Biblische Kriterien für Leiter

In 1. Timotheus 3,1-13 werden verschiedene Kriterien genannt, die für jeden Leiter gelten. Du solltest dich immer wieder anhand dieser Kriterien überprüfen. Nach diesen Worten der Bibel sollte ein Leiter folgende Eigenschaften haben:

- untadelig
- Mann einer Frau
- nüchtern
- besonnen
- würdig
- gastfrei
- lehrfähig
- kein Trinker
- kein Schläger
- gütig
- nicht streitsüchtig
- nicht geldgierig
- gut seiner Familie vorstehen
- kein Neubekehrter
- keiner, der sich geistlich produzieren muß
- nicht doppelzüngig
- keinen schädlichen Gewinn suchen
- die Geheimnisse des Glaubens im Gewissen bewahren
- erprobt
- in einer harmonischen Familie leben.

Nur wer als Leiter zugleich auch Vorbild ist, kann erwarten, daß er Nachfolger hat, die ...

- verstehen, wer sie einmal sein werden, wenn sie weiter im Glauben wachsen;
- wissen, wie man mit anderen Menschen umgeht, weil sie es bei ihren Leitern beobachten können;
- selbst starken Belastungen standhalten, weil ihre Leiter es ihnen vorgelebt haben.

Studien belegen, daß Menschen eher bereit sind, einem unsympathischen Leiter zu folgen, der sich an klare Prinzipien hält, als einem sympathischen Leiter, der ständige Kursänderungen vollzieht. Wenn wir rhetorisch noch so durchgestylt in Engelszungen reden, werden unsere Worte nur Schall und Rauch sein, falls hinter den Worten keine Persönlichkeit steht. »Stimme und Sprache«, so sagen uns Rhetoriker, »sind Ausdruck unserer Persönlichkeit.«

Hier liegt die Ursache, warum viele Christen trotz guter Argumente keinen klaren Ton herauskriegen, der überzeugen könnte.

Prinzip 10:

Leiter bringen Jünger hervor

Jesus hatte eine gewaltige Vision vom Wachstum des Reiches Gottes, die weit über die Menschen hinausging, die ihn umlagerten. Er hatte aber nicht nur eine Vision, sondern auch ein dynamisches Konzept, um dieses Ziel erfolgreich zu realisieren: das Jüngerschaftskonzept. Auch seine Jünger setzten ganz auf dieses Konzept, und das mit großem Erfolg. Der Apostel Paulus faßt den Kerngedanken zusammen, indem er sagt: »Seid meine Nachfolger, gleich wie ich Christi« (1. Kor. 11,1).

Leider hat die Kirche diese explosive Methode stark vernachlässigt. Man formulierte: »Folge nicht mir, sondern Jesus.« Diese Aussage hört sich zwar fromm und edel an, sie drückt aber im Kern nichts anderes aus als: »Von mir kannst du ohnehin nichts lernen.«

Gemeinden, die auf das Jüngerschaftskonzept verzichten, sind meist reine Nackengemeinschaften. Man hat 1,5 Stunden pro Woche Gemeinschaft mit dem Nacken des Vordermannes im Gottesdienst und verfolgt als passiver Konsument das Programm. In der Regel fällt die Umsetzung des Gehörten im Alltag dann natürlich aus.

Gerade an diesem Punkt setzt Jüngerschaft an. Jüngerschaft macht aus einer Versammlung von Einzelnen eine aktive geistliche Armee. Sie macht aus passiven Konsumenten motivierte, aktive Gemeindeglieder.

Selbst Nichtchristen arbeiten nach diesem Prinzip

Daß in den meisten Gemeinden das Jüngerschaftsprinzip zum Fremdwort wurde, hatte verheerende Auswirkungen. Stagnation setzte ein. Nichtchristliche Gruppierungen griffen Jesu Erfolgsmethode auf – und erlebten explosives Wachstum. Eines der bekanntesten Beispiele ist der inzwischen verstorbene Bhagwan, der sich in der Zeit von 1970 bis 1974 fast ausschließlich der Arbeit mit seinen Schülern widmete. Auf diese Weise gewann er schließlich über 400.000 Anhänger.

In den Augen vieler Christen haben diese negativen Tatsachen das Jüngerschaftskonzept diskreditiert. Sollten wir aber wirklich aufhören, dieses Konzept zu praktizieren, nur weil Nichtchristen positive Erfahrungen damit machen? Sollen wir aufhören, positiv zu denken, nur weil »positives Denken« mittlerweile zu einem Schlagwort der New-Age-Bewegung geworden ist? Soll der Regenbogen nicht mehr unser Zeichen sein, weil eine andere Bewegung sich seiner bedient? Sollen wir gute Rockmusik, die die Sprache der Jugend ist, in christlichen Kreisen für tabu erklären, nur weil der Teufel auch Klavier spielen kann? Dürfen wir, da der Teufel eine Kopie vom Original macht, das Original selber wegwerfen?

Der Maler Salvador Dali sagte einmal: »Das Original ist immer mehr wert als die Kopie.« In unserem Zusammenhang kommen seine Worte erst richtig zur Geltung.

Die Wirbelsäule einer Gemeinde

Stelle dir eine hochmotivierte Gemeinde vor, bei der ein Drittel der Mitglieder Mitarbeiter sind, die durch Jüngerschaft für ihren Dienst geschult wurden. Dieses Drittel stellt gewissermaßen die Wirbelsäule dar, die den Rest des Leibes zusammenhält. In der Praxis erleben wir oft orthopädisch deformierte Strukturen bei einer extrem überlasteten Wirbelsäule. Die Gemeinde geht gebeugt, und alle Mitarbeiter stöhnen. Was in dieser Situation nur helfen kann, ist eine Sanierung der Wirbelsäule – durch Jüngerschaft.

Letzte Woche hatten wir das Ehepaar Omar und Marfa Cabrera zu Besuch in unserer Gemeinde. Beide gehören zu den führenden Leitern der argentinischen Erweckungsbewegung. Innerhalb der letzten Jahre ist allein durch den Dienst dieses Ehepaares eine Zentrifugalgemeinde entstanden, die 120 Außenstationen hat und über 90.000 Mitglieder zählt. Als ich Omar abends im Restaurant nach dem Geheimnis der argentinischen Erweckung ausfragte, sagte er: »Das Geheimnis sind die Zeichen und Wunder, die Zehntausende von Menschen anlocken.« Als er dann aber weiter ins Plaudern kam, erklärte er: »Da wir von Stadt zu Stadt ziehen, entstehen überall, wo wir hingehen, neue Stationen, die von den Personen verantwortlich geleitet werden, die wir durch Jüngerschaft über die letzten Jahre persönlich trainiert haben. Da sie unsere Prinzipien kennen und umsetzen, haben wir die Garantie dafür, daß unsere Gemeinde weiter wächst. So ist das Jüngerschaftskonzept die Basis unseres Dienstes.«

Das beste aller Beispiele finden wir jedoch bei dem Begründer des Jüngerschaftskonzepts: Jesus hinterließ elf Apostel und ein Heer von Jüngern. Heute wächst seine Bewegung in einem nie dagewesenen Tempo um den ganzen Globus. Paulus bildete seinen Timotheus aus und hinterließ ebenfalls eine Armee von Jüngern. Elia trainierte Elisa, Mose trainierte Josua.

Wir sollten uns fragen: Wen baue ich auf, daß er mich ersetzen kann? Wenn du eine Vision hast, die größer ist als du selbst, dann frage ich: Wie viele Menschen trainiere ich, um eine Bewegung ins Rollen zu bringen?

Durch Jüngerschaft zur Leiterschaft

Wenn Gemeinden und Firmen wachsen sollen, das Christentum gesellschaftlich relevant und interessant werden soll, dann brauchen wir eine dynamische, progressive und inspirierende Generation von Leitern. Wenn gute Führungskräfte in der Politik schon knapp sind, woher sollen wir dann die christlichen Leiter nehmen?

Genau auf diese Herausforderung bietet das Jüngerschaftskonzept die Antwort. Jesu Dienstphilosophie kommt im Wachstumsgebot »Machet zu Jüngern alle Völker« (Mt. 28,19) deutlich zum Ausdruck. Jüngerschaft zielt auf Reproduktion und läßt sich am besten in dem Begriff »Multiplikation« zusammenfassen: Mein Jünger muß andere Jünger gewinnen, die ihrerseits wieder Jünger hervorbringen. Ob geistliche, organisatorische oder seelsorgerliche Qualitäten reproduziert werden, hängt natürlich vom Leiter, seinen Gaben und seiner Schau für Wachstum zusammen.

Wenn ich richtig sehe, lassen sich drei Arten von Leitern unterscheiden:

1. Einmal gibt es hochprofilierte Leiter im Land, die einem *Solistenkonzept* erlegen sind. Sie lassen sich nicht über die Schulter schauen und teilen die Bühne mit keinem anderen. Das Wort »Jüngerschaft« löst bei ihnen unbegründete Überholungsängste aus.
2. Dann gibt es Leiter, die *Nachfolger* hervorbringen. Ihre Gruppen wachsen durch Addition.
3. Andere Leiter gehören zu der Gruppe, die nicht nur Nachfolger, sondern *neue Leiter* hervorbringen. Sie multiplizieren, denn sie besitzen eine Vision, die größer ist als sie selbst.

Wenn wir genügend Leiter der dritten Kategorie hätten, sähe die geistliche Landschaft ganz anders aus.

Die Schwäche des Solisten-Konzepts

Warum halten die Leiter der ersten Kategorie am Solistenkonzept fest? Vielleicht haben sie das Jüngerschaftskonzept gar nicht oder nur unvollkommen kennengelernt. Von daher fehlt ihnen die Sicht für eine geistlich-personelle Reproduktionsfähigkeit, die sie in anderen Menschen anlegen könnten. Meist sind sie gute, selbstbewußte Autodidakten mit besonders starkem Durchsetzungsvermögen. Ohne Zweifel haben diese Persönlichkeiten viele Menschen inspiriert und so auch indirekten Einfluß auf andere genommen.

Für einen Leiter ist es immer leichter, Nachfolger zu gewinnen, denn Nachfolger sind die natürliche Folgewirkung von Leiterschaft. Es ist wesentlich schwieriger, durch Jüngerschaft neue Leiter zu trainieren.

Warum bringen die Leiter der zweiten Kategorie keine neuen Leiter hervor? Bei näherer Betrachtung stellt sich heraus, daß viele von ihnen gar nicht auf neue Leiter, sondern lediglich auf Nachfolger aus sind. Da diese Leiter oft nicht selbstsicher genug sind, wirkt ein neuer Leiter an ihrer Seite verunsichernd. Sie fangen nach einiger Zeit an, unbewußt ihre besten Leute abzusägen. Was sie brauchen, sind ganz einfach Nachfolger, die sie bewundern, loben und bestätigen, denen sie alles vorkauen, vordenken und vorbeten. Man füttert sich selbst und braucht die Unselbständigkeit der anderen, um sein schwaches Selbstbewußtsein zu versorgen.

Ich erinnere mich an eine Gemeindeleiterin, eine enorme charismatische Persönlichkeit, die viele Menschen anzog, beeindruckte und zu Jesus führte. Bis zu ihrem Tod an Krebs litt sie auch am Unersetzlichkeitsgedanken. Da sie keinen Nachfolger trainiert hatte, begann nach ihrem Tod der Streit um das hinterlassene Zepter. Die Gemeinde zerfiel innerhalb weniger Monate und schrumpfte auf Hauskreisgröße.

Schauen wir uns ein anderes Beispiel an. Das einzige, was John Wesley am Ende seines Lebens zurückließ, waren 6 Silberlöffel, 6 englische Pfund sowie einen abgenutzten Pastorenrock. Aber war da nicht noch etwas? Sicher, er hinterließ eine gewaltige, wachsende Methodistenkirche, angeführt von einem Heer von Leitern, und das auf mehreren Kontinenten. Wesley hatte sich zu Lebzeiten darum gekümmert, daß in seinem Dienst kontinuierlich neue Leiter hervorgebracht wurden.

Gefragt ist ein Fischereikonzept

Nur Leiter der dritten Kategorie sind langfristig erfolgreich. Gibt man einem Menschen einen Fisch, so wird sein Hunger einen Tag lang gestillt. Zeigt man ihm jedoch, wie man fischt, so wird er sein Leben lang nicht mehr hungern. Anders ausgedrückt: Echte Hilfe besteht nicht aus einem Fisch, sondern aus einem Fischereikonzept. Die effektivste Form des Menschenfischens wurde uns durch Jesus vorgelebt, einem Leiter, der neue Leiter hervorbrachte. Er sagte: »Folget mir nach, ich will euch zu Menschenfischern machen« (Mt. 4,19).

Leiter sind ihren Jüngern oder Schülern immer ein bis zwei Schritte voraus. Keiner von uns braucht an diesem Punkt unter falschen Leistungsdruck zu geraten und dem Panikgedanken zu verfallen, er würde eines Tages nicht mehr einen Schritt vor den Jüngern sein. Sollten uns unsere Jünger einmal überholen, so ist dies ein Zeichen dafür, daß unsere Arbeit fruchtbar war.

An dieser Stelle habe ich viel von John und Molly Benningfield gelernt, ein englisches Ehepaar, mit dem Sabine und ich befreundet sind. Beide tun inmitten eines Elendsviertels in Brixton/London einen phantastischen Dienst. Ihr Team ist vergleichbar mit einem Durchlauferhitzer mit Katalysatorfunktion. Unter ihrer Leitung sind schon unzählige Menschen seelisch genesen und zu charakterlich gefestigten Leitern herangereift. Einige von ihnen haben nach der Zeit der Zurüstung das Team verlassen, um eine eigene Arbeit zu starten.

Ich stellte Molly und John die Frage, ob sie das nicht frustrierte. Molly antwortete: »Nein, wir beide sind Leute, die sich gern und intensiv in Menschen investieren. Es macht uns glücklich, zu erleben, wie sie reifen, und zu sehen, wie sie einen eigenen Dienst starten oder in einem anderen Werk einen sinnvollen Beitrag zum Bau des Reiches Gottes leisten. Ein Teil unseres Reisedienstes besteht darin, diese Dienste zu besuchen und zu unterstützen.«

Teil 3:

10 praktische Schritte

Nachdem du die für Leiterschaft wichtigen Prinzipien kennengelernt hast, folgen nun praktische Schritte, die dir helfen werden, dein Leiterpotential zu steigern. Wenn du diese Schritte absolviert hast, wirst du ein Fundament haben, das krisenfest einen langanhaltenden, effektiven und dynamischen Dienst ermöglicht.

Schritt 1:

Teste deine Berufung

Leiterschaft hat weniger mit Position, jedoch viel mit Resultaten zu tun. Nicht jeder, der eine Leitungsaufgabe wahrnimmt, hat auch die Gabe der Leitung. Wenn ich in der Gemeinde eine bestimmte Leitungsfunktion ausübe – Lobpreisleitung, Projektleitung, Hauskreisleitung –, so sagt das noch nichts über meine wahren Leiterqualitäten aus. Aber alle diese Tätigkeiten können zu einem Übungsfeld werden, auf dem die Gabe der Leitung erprobt und entwickelt werden kann.

Viele Christen haben das christliche Leiterschaftskonzept nicht verstanden. Sie denken: Die Anerkennung, die ich durch die mir übertragene Position erhalte, macht mich zum Leiter. Echte Leiterschaft hat jedoch in ihrem Kern mit der Gabe der Leitung zu tun, einer Qualität, die unabhängig von der Aufgabe ist, die ich gerade ausführe.

Erst die Früchte, dann das Diplom

Im indonesischen Djakarta gibt es eine Bibelschule, bei der man erst dann graduieren kann, wenn man eine Gemeinde gegründet hat. Das Prinzip »Erst die Früchte, dann das Diplom« ist kerngesund. Würde man in unserer geistlichen Landschaft anhand dieser Kriterien arbeiten, so wäre das weitverbreitete christliche Mismanagement behoben und viele Posten wären mit den richtigen Personen besetzt. Ein landesweiter Entlastungsseufzer tausender geplagter Christen wäre die Folge.

Stellen wir uns einen jungen Mann vor, der intelligent und mit einem guten Charakter ausgestattet ist, über ein enormes Bibelwissen verfügt und ein guter Lehrer ist, sich jedoch nicht durchsetzen kann. Was passiert, wenn dieser junge Mann als Leiter in einem Hauskreis eingesetzt wird, der sich aus Mitgliedern zusammensetzt, die mit dem Durchsetzungsvermögen eines Rasputins ausgestattet sind? Das Resultat würde uns zeigen, daß Charakter und geistliches Kopfwissen allein noch lange keinen Leiter machen.

Vor einiger Zeit kam ein Gemeindemitglied auf mich zu und sagte: »Ich spüre, daß ich meinen bisherigen Dienst beenden und statt dessen Hauskreisleiter werden soll. Ich empfinde, daß Gott mich zur Leiterschaft beruft.« Im ersten Moment war ich leicht erschrocken über seine Aussage, denn diesem extrem introvertierten Mann fällt es schwer, mit Menschen zu kommunizieren. Er braucht die Hilfe anderer, um mit Fremden in Kontakt zu kommen. Kein Mensch würde sich in seiner Nähe angenommen und sicher fühlen, geschweige denn ihm nachfolgen. Ich mußte ihn mit einem entschlossenen »Nein« vor einer Katastrophe bewahren.

Manche Menschen folgen hartnäckig einer vermeintlichen Berufung, die jedoch eher einer Mumie gleicht, der sie durch ununterbrochene Wiederholungen und Beteuerungen selbstausgedachter Ziele einen Herzschrittmacher einzubauen versuchen.

Berufungen und Begabungen

Ohne Berufung gibt es zwar Leiter, aber eben keine großen Leiter. Gott selbst legt seine Hand und Salbung auf die, die er berufen hat. Wenn Gott dich zur Leiterschaft berufen hat, wird er dich auch mit den entsprechenden Gaben ausrüsten.

In meinem Leben vernahm ich den Ruf Gottes schon in jungen Jahren. Als er mir Jahre später in Zeiten des Gebetes immer wieder sagte, ich sollte ihm als vollzeitlicher Leiter dienen, wollte ich am liebsten gleich meine Koffer packen und losziehen. Es dauerte jedoch noch insgesamt fünf Jahre, in denen mich Gott durch die verschiedensten Schulen des Lebens schleuste, bis er schließlich zuließ, daß ich mich an den Startblock der Leiterschaft begeben durfte. Inzwischen geht sein

Ausbildungsprogramm an mir weiter, denn Gott fängt nicht nur ein gutes Werk an, sondern er vollendet es auch.

Wenn jemand eine Prophetie durch eine andere Person erhält, die wie folgt lautet: »Der Herr wird dich zu einem Vater oder Mutter für viele machen, einem Leiter, dem viel gegeben wird«, so ist dies immer eine ermutigende Angelegenheit. Die meisten machen jedoch den Fehler, daß sie Gottes Zeitpunkt vorwegeilen und krampfhaft im »hier und jetzt« anfangen, an ihrer Leiterkarriere zu basteln. Solche Personen sind unreife Senkrechtstarter, die oft schon am übernächsten Tag eine brutale Bruchlandung erleben, die sie dazu veranlaßt zu sagen: »Nie wieder werde ich Leiter. Nie wieder werde ich auf ein prophetisches Wort eines anderen hören.«

Vier Kriterien für eine göttliche Berufung

Wenn wir berufen sind und die Gabe der Leitung haben, werden wir in den Willen Gottes hineinwachsen. Auf diese Weise wird auch unsere Gabe und damit verbunden unsere Einflußsphäre mitwachsen. Leiterschaft ist immer ausbaufähig. Deshalb sollte sich jeder Leiter auf weiteres Wachstum konzentrieren.

Ein echter Leiter hat es nicht nötig, in großen Worten von seiner Berufung zu sprechen, denn er weiß, daß die Bestätigung von Gott und den Menschen kommen muß. Seine Gabe verschafft ihm Raum. Erst dann, wenn jemand …

1. von Gott zur Leiterschaft berufen ist,
2. von Menschen hierin bestätigt wird,
3. entsprechende Resultate (Nachfolger) zeigt und
4. Freude an der Arbeit hat,

können wir von einem geistlichen Leiter sprechen. Erst anhand dieser vier Kriterien wissen wir, daß Gottes Hand und Segen auf unserer Leiterschaft ruht.

Gibt es in deinem Leben Hinweise darauf, daß dich Gott zur Leiterschaft berufen hat?

Schritt 2:

Finde heraus, für welche Ebene der Leiterschaft du begabt bist

In der Pause nach einer Veranstaltung in unserer Gemeinde, an der etliche Hundert Personen teilnahmen, beobachtete ich die vielen Kleingruppen, die sich spontan im Raum gebildet hatten. Interessant war, daß in ihrem Zentrum einige unserer Hauskreisleiter standen, aber auch andere Personen. Die Hauskreisleiter, die ich beobachtete, standen keineswegs mit ihren Hauskreismitgliedern zusammen, sondern in einer völlig neuen Gruppenkonstellation, die sich durch die lange Pause ergaben.

Sobald sich eine wild durcheinander gewürfelte Personengruppe bildet, kristallisieren sich schon nach kurzer Zeit die Leiter heraus. Der potentielle Leiter ist bald von Personen umringt und steht im Zentrum der Kommunikation. Alle Augen sind auf ihn gerichtet, man hängt an seinen Lippen. Die Art und Weise, wie er die Dinge ausdrückt und anpackt, weicht von der Norm ab. Eine Person mit der Gabe der Leitung steht immer jenseits der Norm.

Es gibt auch unscheinbare Leiter

Allerdings macht ein extrovertiertes Auftreten noch lange keinen Leiter aus, wie wir unschwer am Gruppenkaspar erkennen können. Es gibt introvertierte Leiterpersönlichkeiten, die am Anfang einer Kommunikation sehr zurückhaltend sind, um zunächst die anderen kommen zu lassen. Ich denke da zum Beispiel an Kurt, einen Leiter aus Frankfurt. Am Anfang eines Gesprächs wirkt er immer sehr unscheinbar. Ist die Kommunikation aber erst einmal im Fluß, braucht Kurt nur drei Sätze zu sagen, die meist so gehaltvoll sind, daß alle Augen auf ihn schauen. Das alte Kommunikationsmuster kommt ins Stokken, denn jeder möchte mehr von dieser Kost.

Kurt ist in seiner zurückhaltenden Art ohne Zweifel ein Leiter mit starker Autorität und großem Einfluß. Leiter können also extrovertiert-dynamisch oder besonnen-zurückhaltend sein. In jedem Fall aber stehen sie im entscheidenden Moment im Zentrum der Kommunikation.

Resultate der Einflußsphäre

Jeder Leiter erreicht durch seine persönliche Einflußsphäre in seiner Gruppe eine für ihn typische Wachstumskapazität. Bei manchen liegt die Einflußgrenze bei 40 Personen, bei anderen bei 80 Personen, bei wieder anderen bei 1.000 Personen und mehr.

Wird die Zahl seiner Wachstumskapazität überschritten, so verliert er automatisch Menschen, die sich in seiner Gruppe übersehen oder unterfordert fühlen. Ich vermute, daß die durchschnittliche Wachstumskapazität eines christlichen Leiters zwischen 40 und 90 Personen liegt, da die meisten Gemeinden und Gruppen diese Zahl nicht überschreiten.

Wechselt ein Leiter mit einer Kapazität für 100 Personen in eine Gruppe mit 30 Personen, wird er als ihr Leiter in den nächsten Jahren ein Wachstum erleben, das bei 100 Mitgliedern höchstwahrscheinlich zum Stillstand kommt. Wechselt unser Leiter in eine Gemeinde mit 200 Mitgliedern, wird diese in der Regel zu schrumpfen beginnen, bis sie sich bei etwa 100 Mitgliedern eingependelt hat.

In einer Gemeinschaft, die etwa 80 Mitglieder hatte, starb der Leiter. Die Gruppe wußte sich keinen Rat und setzte einen Mann, den ich hier Otto nennen will, als Leiter ein. Otto hatte zwar für einen Kreis von zwölf Personen eine Leitungsgabe, keineswegs aber für eine Gruppe dieser Größe. Wie unschwer zu erraten ist, waren nach drei Monaten nur noch 30 Personen in der Gruppe, und der Schrumpfungsprozeß war noch nicht zu Ende.

Die eigene Kapazität nicht überschreiten

Wäre Otto bei seinem Leisten geblieben, wäre es nicht zu diesem Unglück gekommen. Er hat seine Leitungskapazitäten ganz einfach überschritten. An diesem Beispiel lassen sich drei Punkte zeigen:

1. Zunächst wäre es wichtig gewesen, die Leitungskapazität von Otto klar zu erfassen, um dadurch zu einer besseren Entscheidung zu kommen. Diese hätte gelautet: Wir brauchen einen anderen Leiter.
2. Otto konnte nur die Personen leiten, die unterhalb seines Leiterpotentials lagen. Diese Wahrheit läßt sich durchaus verallgemeinern. In unseren eigenen Gemeinden haben wir viel Lehrgeld zahlen müssen, bis wir auf dieses Prinzip stießen. Inzwischen sind wir klüger und warten lieber etwas länger, bis der Herr uns einen geeigneten Leiter schickt oder zeigt. Wir bemühen uns auch darum, keine Person in den Hauskreis eines Leiters zu schicken, die nicht zur Einflußsphäre des Leiters paßt. Dies würde nur unnötige Konflikte heraufbeschwören.
3. Ohne Zweifel waren noch einige Personen im übrig gebliebenen Teil der Gruppe, die oberhalb von Ottos Leiterpotential lagen. Solche Personen kann man nur mit ihrem Einverständnis leiten. Sie ordnen sich freiwillig unter, weil sie Gottes Reich bauen wollen. Es bleibt allerdings die Frage, wie lange ihre demütige Haltung sinnvoll ist. Manchen wird es in den Fingern jucken, denn sie wollen nach dem Zepter greifen, um die Gruppe vor ihrem Untergang zu bewahren.

Wenn wir diese Gesetzmäßigkeiten beachten, können wir uns viel Ärger, Streit und Frustration in der Hauskreis- und Gemeindearbeit ersparen. Wenn wir an die Grenze unserer Einflußsphäre stoßen, kann unsere Arbeit nur noch durch Zellteilung, Delegieren und dic Einsetzung neuer Leiter weiterwachsen.

Um herauszufinden, für welche Ebene der Leiterschaft Gott dich begabt hat, solltest du dir folgende Fragen stellen:

1. Welche Personen beeinflusse ich? (Familie, Freunde, Hauskreise, mehr?)
2. Wieviele Menschen beeinflusse ich? (Zähle sie zusammen)
3. Wie groß ist meine Einflußsphäre zur Zeit? (regional, überregional, national, international)

Vier Ebenen der Leiterschaft

Finde jetzt heraus, für welche der vier folgenden Ebenen von Leiterschaft du berufen bist:

1. *die persönliche Ebene:* Ein solcher Leiter hat Einfluß auf fünf bis zehn andere Christen. Viele dieser Personen haben die geistliche Gabe der Seelsorge.
2. *die Hauskreisleiter-Ebene:* Dies ist die häufigste Ebene christlicher Leiterschaft. Christen, die Gott zu diesem Dienst berufen hat, haben in der Regel die geistliche Gabe des Hirtendienstes.
3. *die Gemeindeleiter-Ebene:* Diese Ebene umfaßt Personen wie Pastoren, Älteste, Leiter von freien Werken und zum Teil auch Bereichsleiter in der Gemeinde. Die Personenzahl, die diese Leiter führen, beginnt bei 50 und ist nach oben offen. Um eine solche Aufgabe wahrzunehmen, ist das erforderlich, was man als im engeren Sinne als die »geistliche Gabe der Leitung« bezeichnen könnte.
4. *die überregionale Ebene:* Diese Ebene läßt sich am schwersten in Zahlen festmachen. Solche Leiter haben in der Regel einen Dienst mit landesweiter oder gar internationaler Ausstrahlung. Viele dieser Leiter haben die geistliche Gabe des Apostels.

Diese Zuordnung sagt nichts über die Qualitäten eines Leiters aus. Da es unterschiedliche Leitungsgaben gibt, sollten wir als treue Haushalter den Bereich verwalten, für den uns Gott begabt und berufen hat. Erfolgreich zu leiten bedeutet demnach, daß ich gemäß meiner Begabungen und Berufungen in meiner Position treu bin.

Schritt 3:

Arbeite an deinen charakterlichen Problembereichen

In den letzten Jahren ist dem Reich Gottes durch den Fall zahlreicher großer und gesegneter Leiter ein fast irreversibler Schaden zugefügt worden. Meist waren es sexuelle Sünden, die großartige Menschen und Dienste ruinierten.

Menschen schauen immer zu Vorbildern auf, ganz gleich, ob es sich um Rockstars, Spitzensportler, Lehrer, Hauskreisleiter, Pastoren oder Boxer handelt. Deshalb wirkt sich der Schaden, der durch den Fall eines geistlichen Leiters entsteht, nicht nur auf sein eigenes Leben und das seiner Familie aus, sondern auch auf all die, die zu ihm aufgeschaut haben. Gerade auf diesem Gebiet hatte ich schon unzählige Seelsorgegespräche. Viele Menschen, die auf die Integrität ihres Leiters vertraut haben, sind in ihrem Glauben verwirrt. Der Weg, der zur Erlangung von Heilung und neuem Vertrauen gegangen werden muß, ist ein sehr, sehr langer Weg.

Bist du ein Simson oder ein Josef?

Wir müssen uns darüber klar sein, daß christliche Leiter auf Satans schwarzer Liste ganz oben stehen. Sie sind in der Regel in einem weitaus stärkeren Maße Druck, Streß und Versuchungen ausgesetzt als andere Christen. Um so mehr müssen sie sich bemühen, auf einem höheren moralischen Standard zu leben als ihre Nachfolger. Jesus selbst machte uns auf diesen Sachverhalt aufmerksam, indem er sagte: »Wem viel gegeben ist, von dem wird viel gefordert!« (Lk. 12,48).

Vergleichen wir einmal zwei biblische Gestalten miteinander: Simson und Josef. Beide waren begabt, berufen, gesalbt und von Gott als Leiter eingesetzt. Beide wurden mächtig gebraucht, um ihrer Generation Rettung und Hilfe zu bringen. Offensichtlich sahen beide blendend aus und wurden mit der gleichen Art von Versuchung konfrontiert. Trotzdem gab es einen entscheidenden Unterschied, der den einen zum Sieger und den anderen zum Verlierer machte.

Simson war ein ausgesprochen selbstzentrierter Mensch, der nach dem Lustprinzip lebte und auf seine eigene Stärke baute. Josef dagegen erkannte sehr bald, daß er, wenn er sich auf seine eigene Kraft verließ, hilflos und verloren war. Seine anfänglichen Fehlschläge wurden zu Stufen seines Erfolges, weil er an ihnen reifte und schließlich ganz auf Gott setzte. Josefs Rückgrat war gottzentriert, und seine Lust war geheiligte Lust. Er hatte sich schon früh bemüht, schlechte Angewohnheiten durch gute zu ersetzen.

Josef hielt der stark erotisch aufgedonnerten Frau Potiphars, die mit ihm schlafen wollte, stand. Das Wort »Nein« machte ihn zum Sieger, weil er ganz nach Daniel 11,33 lebte: »Aber das Volk, das seinen Gott kennt, wird sich stark erweisen und entsprechend handeln.«

Simsons blendende Leiterkarriere dagegen erstickte an seiner Selbstzentriertheit. Als er eine Prostituierte sah, ließ er sich vom Lustprinzip leiten und dachte sich: »Ich will sie, und zwar jetzt.« Mit Delila war es dann auch nicht viel anders. Der wunde Punkt, das Feigenblatt seines Lebens hieß Disziplinlosigkeit. Simson hatte sich nicht darum bemüht, schlechte Gewohnheiten durch gute zu ersetzen. Deshalb vollzog sich an ihm genau das, was Jakobus so treffend beschreibt: »Ein jeder aber wird versucht, wenn er von seiner eigenen Lust fortgezogen und gelockt wird. Danach, wenn die Lust empfangen hat, gebärt sie Sünde, die Sünde aber, wenn sie vollendet ist, gebärt den Tod« (Jak. 1,14-15).

Salbung und Berufung allein machen noch keinen disziplinierten, gottzentrierten Charakter aus. Selbstbeherrschung ist eine Frucht des Geistes, die wir entwickeln müssen. Da Josef gottzentriert lebte, entwickelte er diese Frucht. Diese wurde dann zur Grundlage für einen langen, erfolgreichen Dienst.

Ein geistliches Multitalent im Simsonstil, das obendrein von Gott gesalbt ist, wird schon nach einigen Jahren den geistlichen Gipfel des öffentlichen Ansehens erklommen haben. Da

Satan ein Experte darin ist, Schwachpunkte im Leben von Christen zu erkennen, arbeitet er fieberhaft auf den richtigen Zeitpunkt hin, christliche Leiter zu Fall zu bingen. Die verheerenden Resultate sind uns allen bekannt.

Mangelnde Disziplin ist und bleibt ein Stolperstein auf unserem Weg. Sündigen wir, so verletzen wir unser Gewissen und sinken in unserer Selbstachtung. Unsere Stolpersteine können »Stolz«, »Geld«, »Sex«, »Alkohol«, »übermäßiges Essen«, »ungesunde Lebensweise« oder »zerbrochene Ehe« heißen. Keiner von uns sollte naiv und blauäugig durchs Leben laufen, denn es gibt genug Delilas und Stolpersteine auf deinem und meinem Weg. Eine geistliche Doppelexistenz im Sinne von Dr. Jekyll und Mr. Hyde wird früher oder später vor den Augen der Öffentlichkeit auffliegen. Unsere Zukunft liegt dann hinter uns. Sünden sind genauso wie gute Werke Saatkörner, die gedeihen und irgendwann ins Kraut schießen.

Die Bibel lehrt uns, daß ein Baum an seinen guten oder schlechten Früchten erkannt wird. Uns wird immer wieder vor Augen geführt, daß wir ernten, was wir säen. Der Bumerang Gottes, der uns trifft oder segnet, scheint mit dem Gesetz von Ursache und Wirkung verbunden zu sein. Da der Herr sich eine Braut ohne Runzeln und Falten bereitet, erleben wir derzeit wie nie zuvor einen Reinigungsprozeß im Leib Jesu, dem sich kein einziger Leiter entziehen kann. Lerne wie Josef, deutlich und bestimmt »Nein« zu sagen. Hätte ich nicht schon einige Male deutlich »Nein« gesagt, so wäre mein Dienst längst beendet.

Die Bedeutung einer harmonischen Ehe

Meine Erfahrungen aus der Seelsorge liefern mir genügend Beweise, daß Ehebruch nicht so spontan über einen kommt, wie es mancher vermutet. Alles fing immer schon lange vorher mit unsauberen Gedanken und Wünschen sowie einer falsch programmierten Lust an. Unser Charakter wird durch eine reine Gedankenwelt aufgebaut oder durch eine verunreinigte niedergerissen.

Als Leiter muß für uns unsere Familie ganz oben auf der

Prioritätenliste stehen. Bist du verheiratet, dann arbeite bewußt an deiner Partnerschaft. Ein gutes, erfülltes Sexualleben spiegelt fast immer eine gesunde Partnerschaft wieder, und eine erfüllte Partnerschaft ein gesundes Sexualleben. Ist eine Beziehung problematisch, so wird meist das Ehebett zum Kampfplatz, auf dem der kalte Krieg ausgetragen wird. Eine solche Ehe ist in besonderem Maße anfällig für sexuelle Entgleisungen. Gemeinsam glücklich sein ist eine erlernbare Kunst. Wer bewußt und kontinuierlich an einem positiven Klima in seiner Ehe arbeitet, kann erleben, wie Glück, Zufriedenheit, Romantik und sexuelle Erfüllung immer mehr wachsen.

Jemand sagte mir einmal: »Ehe, das ist zwei Jahre Glut und zwanzig Jahre Asche.« Meine Beobachtungen widerlegen diese Pseudoweisheit: Es scheint genau umgekehrt zu sein: Die Beziehung zu meiner Frau Sabine ist heute auf allen Ebenen unserer Ehe und Freundschaft unendlich viel harmonischer geworden, als es am Anfang unserer Ehe der Fall war. Ich liebe Sabine nicht nur wegen ihrer wertvollen Qualitäten und ihres Aussehens, sondern auch deshalb, weil sie aus mir einen besseren Menschen gemacht hat.

Sünden des Leiters sind keine Privatsache

Gerade für Leiter darf Sünde nie zur Privatsache werden, denn sie wächst im Verborgenen und hat eine verheerende Langzeitwirkung auf unzählige andere Menschen. Deshalb erzähle ich meinem geistlichen Partner und Freund Rudi Pinke meine Anfechtungen und Sünden, während er mir seine erzählt. Auf diese Weise wird die Macht der Sünde gebrochen und Verdammnis wird im Keim erstickt. Zur Sicherheit derer, für die du verantwortlich bist, sowie für deinen persönlichen Schutz solltest du das Gleiche tun. »Bekennt einander die Sünden« (Jak. 5,16).

Als echter Freund glaubt Rudi an mich, was sich darin ausdrückt, daß er mich ermutigt und bestätigt. Er darf hinter meine Fassade blicken. Ich kann mich darauf verlassen, daß er mir nicht die religiöse Pfanne überbrät, die mit 100 frommen, belehrenden Sprüchen gefüllt ist. Als guter Freund kennt Rudi meine Schwächen und Stärken – und ich kenne seine. Da unsere Freundschaft etwas Wertvolles ist, gehen wir sehr respektvoll miteinander um. Ich glaube, daß jeder Leiter wenigstens einen echten Freund haben sollte, vor dem er sich ganz öffnen kann.

Stolz, Geld und Macht

Neben den bisher erwähnten Bereichen sind es insbesondere drei Stolpersteine, die schon zahlreiche Leiter zu Fall gebracht haben: Stolz, Geld und Macht.

Stolz kann sich ganz langsam und fast unmerklich in das Leben eines Leiters einschleichen. Es könnte Stolz über die persönliche Salbung sein, über die eigene Begabung und den Einfluß, den ich als Leiter habe. Stolz höhlt allmählich eine gottzentrierte Grundeinstellung aus und wird auf diese Weise früher oder später jeden zur Strecke bringen.

Der zweite Stolperstein ist das liebe Geld. »Die Geldliebe ist die Wurzel allen Übels«, sagte schon Paulus in seinem Brief an Timotheus (1. Tim. 6,9). Die Liebe zum Geld hält viele davon ab, ihre Berufung zu finden, oder sie bringt Menschen, die bereits ihre Berufung gefunden haben, wieder zu Fall. Sei nicht Sklave des Geldes, sondern mache das Geld zu deinem Sklaven. Achte darauf, daß deine Finanzgeschäfte sauber und für jeden transparent sind. Jeder sollte das Recht haben, zu wissen, wo sein Geld hinfließt und wieviel du als Vollzeitlicher verdienst. Noch ein Tip: Gebe immer deinen Zehnten und treffe große Finanzentscheidungen nie allein.

Der dritte Stolperstein heißt Machtstreben. Das Streben nach Macht hat schon viele Menschen, Christen sowie Nichtchristen, die Erfolgsleiter hochgetrieben. Stelle dir selbstkritisch folgende Frage: Welches Motiv treibt mich als Leiter? Macht ist wie Geld weder gut noch schlecht. Mit beidem kann man in positiver Weise das Reich Gottes fördern. Macht in der Hand eines selbstzentrierten Menschen, sei er Christ oder nicht, kann jedoch leicht zu einer gewaltigen Gefahr werden.

Der Evangelist Dwight L. Moody sagte einmal: »Ich bete immer, Herr, bewahre mich davor, daß ich nicht noch auf meine alten Tage einen großen Fehler mache.« Ich möchte dieses Gebet zu meinem machen und mit folgenden Sätzen weiterführen: »Schaffe in mir, Gott, ein reines Herz und gib mir einen neuen, beständigen Geist (Ps. 51,12). Hilf mir, in Disziplin zu wachsen, indem ich negative Eigenschaften durch gute ersetze. Und führe mich nicht in Versuchung, sondern erlöse mich von dem Bösen. Amen.«

Gehe mit den potentiellen Stolpersteinen deines Lebens nicht zimperlich, sondern radikal und konsequent um. Für jeden Leiter ist Sündenbekenntnis (Jak. 5,16) ein absolutes Muß. Suche dir einen Partner, dem du in regelmäßigen Abständen deine Entwicklung, Nöte, Versuchungen, Zweifel und Siege mitteilen kannst.

Du solltest dir jetzt zwei Fragen stellen:

1. Welche Charakterdefizite nehme ich oder nehmen andere derzeit an mir wahr? (Bestandsaufnahme)
2. Welche charakterlichen Eigenschaften möchte ich in Zukunft erwerben? (Ziel)

Ein gutes Hilfsmittel in diesem Prozeß ist der »Galater-5-Test«, den du in dem Arbeitsbuch »Der Liebe-Lern-Prozeß« (C & P Verlag) findest.

Denke immer daran: Hohe moralische Werte sind die Voraussetzung für geistliche Leiterschaft. Der inspirierende Prediger Dr. E. L. Cole hielt in einem seiner Bücher fest, was ihm Joy Dawson, eine Mitarbeiterin von »Jugend mit einer Mission«, vor vielen Jahren einmal prophetisch gesagt hat: »Gott möchte dir eine Chance geben, entweder einer seiner wenigen Erfolge oder aber eine seiner tausend Enttäuschungen zu werden. Wenn du zu seinen wenigen Erfolgen gehören willst, bist du auf besondere Heiligung angewiesen.«

Dr. Cole, der diese Sätze zu seiner Lebensphilosophie machte, gehört zu Gottes wenigen Erfolgen. Gehörst du zum Heer der Erfolglosen – oder zu der kleinen Zahl derer, die mit ihrem Lebensstil Gott Ehre machen?

Schritt 4:

Verschaffe dir einen geistlichen Rückhalt

Je tiefer ein Taucher taucht, desto mehr Sauerstoffreserven braucht er. Je weiter ich mit meinem Wagen fahren will, desto größere Kraftstoffreserven benötige ich. Als Leiter müssen wir sehr sorgfältig darauf achten, daß uns immer genügend geistliche und emotionale Kraftreserven zur Verfügung stehen.

Jeder progressive Glaubensschritt braucht einen regressiven Rückhalt. Mit »regressivem Rückhalt« meine ich die versorgenden Instanzen, auf die jeder Mensch angewiesen ist: die Mutterbrust, Schlafen, Regeneration, Urlaub, Entspannung. Dieser regressive Rückhalt dient dazu, Kräfte für einen neuen Glaubensschritt zu sammeln. Indem ich diesen Schritt tue, verlasse ich die versorgenden Instanzen, ich komme in eine Streßzone, die mir aber hilft, weiter zu wachsen. Ohne regressiven Rückhalt ist langfristig kein progressiver Schritt möglich.

Rückhalt durch eine Siegesliste

Wie kann ein solcher Rückhalt praktisch aussehen? Eine Möglichkeit, mit der ich selbst gute Erfahrungen gemacht habe, ist eine persönliche »Siegesliste«, in der ich all das Positive, das ich mit Gott erlebt habe, festhalte. In Zeiten der Entmutigung kann es eine große Hilfe sein, auf eine solche Liste zu schauen.

Fast jedes Mal, nachdem ich glaubensstärkende Bücher gelesen habe, empfinde ich ein starkes Bedürfnis, den nächstbesten Goliath umzulegen. Ich vermute, daß es manchem Leser ähnlich ergeht. Dieses Bedürfnis ist durchaus normal. Wir sollten jedoch bedenken: Bevor David den Giganten umlegte, hatte er einen Löwen und einen Bären getötet. Davids Zuversicht und

Siegesbewußtsein beruhten auf einer Siegesliste. In 1. Samuel 17,37 wird berichtet, daß David zum König Saul sagte: »Der Herr, der mich aus den Klauen des Löwen und aus den Klauen des Bären errettet hat, der wird mich auch aus der Hand dieses Philisters erretten.« Die Vergegenwärtigung vergangener Siege ist eine ermutigende Ausgangsbasis für kühne Glaubensschritte.

Betrachten wir eine zweite biblische Gestalt. Bei allen großen und kühnen Glaubensschritten, die Elia vollzog, hatte er einen göttlichen Rückhalt der Versorgung. Aus der engen Gemeinschaft mit Gott bezog er Motivation und Zurüstung, was ihm wiederum dazu verhalf, auch unangenehme Glaubensschritte zu wagen. Bevor er z.B. dem blutrünstigen Ahab die Worte ins Gesicht schleudert: »So wahr der Herr, der Gott Israels lebt, vor dem ich stehe, wenn es in diesen Jahren Tau und Regen geben wird, es sei denn auf mein Wort!« (1. Kön. 17,1), hatte er eine intensive Privataudienz bei Gott. Vergegenwärtigen wir uns, daß er einem Mann, der mit der größten Prophetenmörderin aller Zeiten verheiratet war, prophezeite, es werde eine Hunger- und Dürrekatastrophe geben, die erst durch seine Worte ein Ende finden würde. Für diese kühne Glaubensaussage hatte Elia einen geistlichen Rückhalt, der sich in der ersten Hälfte seiner Aussage widerspiegelte. Er sagte: »So wahr der Herr lebt, vor dem ich stehe.« Hier lag die Quelle seines Glaubensmutes!

Es ist bezeichnend, daß Elia, nachdem er seinen Spruch aufgesagt hatte, von Gott nicht sogleich in den nächsten Missionseinsatz geschickt wurde. Gott handelt pädagogisch, indem er ihn zunächst an den Bach Krit schickt, wo er – vor Ahab geschützt – Gottes übernatürliche Versorgung und seinen Zuspruch erlebt.

Der stärkste Rückhalt: Jesus

Als ich mit der Vision, eine Gemeinde zu gründen, schwanger ging, erlebte ich in meiner Umgebung zunächst nur Widerstände. Keiner stellte sich hinter meine Vision, und viele empfanden sie als ungeistlich. Selbst meine Frau Sabine hatte

Schwierigkeiten, das zu verstehen, was in mir vorging. Ich kann mich an keine Person erinnern, die mich in jenen Monaten ernsthaft ermutigt hätte.

Ich erinnere mich aber noch sehr genau an meine ausgedehnten Gebetsspaziergänge, von denen ich immer ermutigt und gestärkt nach Hause kam. Oft sagte ich: »Herr, ich will mit dieser Vision nichts zu tun habe, denn sie beschert mir nur Ärger und Tränen.« Hätte ich in jenen Monaten nicht regelmäßig nach dem Elia-Prinzip gelebt »So wahr der Herr lebt, vor dem ich stehe«, so wäre nie das entstanden, was Gott von mir wollte. Die direkte persönliche Beziehung zu Gott im Gebet ist der stärkste Rückhalt, den wir uns vorstellen können. Echten, dauerhaften Halt finden wir nur bei Jesus.

Paulus hatte offensichtlich ähnliches erlebt, als er Timotheus schrieb: »Du weißt dies, daß alle, die in Asien sind, sich von mir abgewendet haben« (2. Tim. 4,15). Er erzählt weiter: »Bei meiner ersten Verteidigung stand niemand mir bei, sondern alle verließen mich, es werde ihnen nicht zugerechnet« (2. Tim. 4,16). Aber dann lesen wir in Vers 17: »Der Herr aber stand mir bei und stärkte mich, damit durch mich die Predigt vollbracht werde.« Der Schlüssel für einen erfolgreichen Dienst liegt weder in meinem Vertrauen in mein Charisma noch in wohlgesonnenen Menschen, sondern letztlich in nichts anderem als in der Nähe zu Gott.

In den härtesten Stunden seines Lebens konnte selbst Jesus sich nicht auf seine besten Freunde verlassen. Erst schliefen sie, dann flohen sie. Seinen einzigen Rückhalt hatte Jesus in der Beziehung zum Vater.

Wie sieht dein geistlicher Rückhalt aus, auf den du dich in Zeiten der Anfechtung und Entmutigung verlassen kannst?

Schritt 5:

Motiviere deine Mitarbeiter

Ein Leiter, der ein gottgegebenes Ziel hat, braucht Mitarbeiter, die ihm helfen, dieses Ziel zu erreichen. Kein Dirigent kann ohne Orchester eine Symphonie verwirklichen. Kein Politiker wird allein und ohne das Volk ein Ziel erreichen. Kein Unternehmer schafft es ohne seine Mitarbeiter, sogar die Mafia schafft es nicht ohne ihre Dunkelmänner. Als Leiter sind wir immer auf die Mitarbeit anderer angewiesen.

Jeder Leiter ist mit dem Trainer einer Fußballmannschaft vergleichbar. Es ist das Zusammenspiel des ganzen Teams, das letztlich den Erfolg ausmacht. Diese Tatsache sollte uns als Leiter demütig stimmen, denn kein Trainer kann ohne sein Team auch nur irgendein Ziel erreichen. Umgekehrt: Ohne die Anleitung und Motivierung durch den Trainer wird kein Team Erfolg haben.

Das Richtige belohnen

Ein Angler, der im Boot sitzend auf das Wasser starrte, entdeckte plötzlich eine Schlange, die einen Frosch in ihrem Maul hielt. Als Tierfreund empfand er großes Mitleid mit dem armen Frosch. Deshalb beugte er sich vorsichtig über den Bootsrand und nahm den Frosch behutsam aus dem Schlangenmaul. Nachdem er dem Frosch die Freiheit wiedergegeben hatte, empfand er großes Mitleid mit der hungrigen Schlange. Da er nichts Eßbares bei sich hatte, öffnete er eine Flasche Whiskey, die er mit sich führte, und träufelte etwas vom Inhalt ins Schlangenmaul. In diesem Moment waren alle drei glücklich: der Frosch war froh über seine Freiheit, die Schlange schwamm überglücklich davon, und unser Angler freute sich über seine gute Tat. Doch nach einigen Minuten klopfte es gegen sein Boot. Erstaunt sah der Angler über den Bootsrand. Er wäre vor Überraschung fast aus dem Boot gefallen. Die Schlage war zurückgekehrt, diesmal mit zwei Fröschen im Maul.

Die Parabel vom Mann, dem Frosch und der Schlange verdeutlicht, wie das Motivationsprinzip funktioniert: Belohnung erzeugt Verstärkung, und verstärkt wird, was wir belohnen. Belohnen wir verkehrtes Verhalten, so erzielen wir eine Verstärkung negativen Verhaltens.

Die Konsequenzen falscher Verstärkung

In einem Kindergarten heftete eine Erzieherin einen Button an den Pullover eines Kindes, auf dem stand: »Erwisch mich mal, wenn ich brav bin.« Die Botschaft dieser Erzieherin an die Eltern war deutlich: »Bitte wenden Sie Ihrer Tochter nicht nur dann Ihre Aufmerksamkeit zu, wenn sie sich daneben benimmt, denn auf diese Weise wird nur ihr negatives Verhalten verstärkt. Beachten und bestärken Sie die guten Seiten Ihrer Tochter, denn das hilft ihr dabei, zu einer gesunden Persönlichkeit zu werden.«

Wenn wir das Falsche belohnen, erzielen wir die falschen Resultate. Dies gilt für alle Bereiche: .

- Wir alle freuen uns über eine gute, friedliche, erbauliche Atmosphäre im Hauskreis. Indem wir als Hauskreisleiter jedoch unsere Aufmerksamkeit und Energie auf die Kritiker im Kreis konzentrieren, erhalten genau die Falschen Bestärkung.
- Die meisten Gemeinden wünschen sich kreativ handelnde Mitglieder. Wenn kreative Personen anfangen, neue und außergewöhnliche Wege zu gehen, schaut man verlegen zur Seite und belohnt lieber das alte, eingespielte Verhalten, den geölten Gang der Routine-Maschinerie. Nicht die Kreativen, sondern die, die in gewohnten Bahnen denken, bekommen den Blankoscheck.

- Man sagt, man wolle ein evangelistischer Hauskreis sein, was jedoch unbewußt ständig belohnt wird, ist ein Programm für die Frommen, das Nichtchristen abschreckt.
- Man spricht von christlicher Nächstenliebe, die allen Menschen gilt, aber man verstärkt ein ganz auf die Mittelschicht konzentriertes Angebot, das nur bei denen greift, die sich brav verhalten und sich anständig kleiden.
- Man sagt, das Laientum sei die Grundlage der Kirche, jedoch bestärkt und belohnt man den Klerus und klerikales Verhalten. Anschließend wundert man sich über leere Kirchen.

Was baut Mitarbeiter auf?

Benjamin Franklin sagte: »Man kann nicht erwarten, daß ein leerer Sack aufrecht steht.« Durch die Kritik der Leiter einerseits und dem praktischen Leistungsdruck andererseits haben nur wenige Mitarbeiter die Chance, aufrecht zu stehen. Schon nach kurzem stellen sie sich selbst und ihre Urteilsfähigkeit in Frage. Setzt an diesem Punkt immer noch keine Bestätigung und Zuwendung ein, fängt doch jeder von uns an, sich einzubilden, alle seien gegen ihn. Als Folge sinkt die Arbeitsmoral, und die Mitarbeiter nehmen eine negative Einstellung der Gemeinde gegenüber ein. Negatives Reden der eigenen Mitarbeiter ist eine gefährliche Kraft, die wir nicht unterschätzen sollten.

Unsere Mitarbeiter sind zwar keine leeren Säcke, jedoch sollten wir sie immer wieder mit Bestätigung und unserem Vertrauen füllen, damit sie aufrecht stehen können.

Was baut Mitarbeiter auf?

- Nicht Minderwertigkeitsgefühle, sondern das Gefühl, gebraucht zu werden,
- das Finden von positiven Eigenschaften und die Bestätigung dieser Qualitäten,
- der stete Wunsch, das Beste aus meinen Mitarbeitern zu machen, indem ich ihnen mein aufrichtiges Interesse entgegenbringe,

- aufmerksames Zuhören, wenn der Mitarbeiter redet,
- ein taktvoller Umgang, der sich nie dazu hinreißen läßt, einen Mitarbeiter in der Öffentlichkeit zu kritisieren,
- das Zugeben eigener Fehler,
- den Mitarbeitern die Möglichkeit geben, selber Fehler machen zu dürfen,
- hinreichende Information und Kontaktpflege.

Je mehr wir unsere Mitarbeiter unterstützen, ihre Berufung zu finden, desto größer wird das Maß der Freude und Lebensqualität sein, mit der sie das Team bereichern. Personen, die in einem Milieu von Fürsorge, Respekt und Auferbauung leben, werden schnell in der Lage sein, andere zu achten und zu respektieren. Solche Leute bauen ein positives Betriebsklima.

Positive Motivation praktisch

Wir müssen uns als Leiter bewußt darum bemühen, unsere Mitarbeiter dabei zu »ertappen«, wenn sie etwas gut und richtig gemacht haben. Nachdem sich einige unserer Mitarbeiter bei einer mehrtägigen Konzertevangelisation ungeheuer eingesetzt hatten, machte ich mir viele Gedanken, wie ich sie dafür belohnen könnte. Ich fragte mich: Wie kann ich ihnen das geben, was sie wirklich verdient haben? So viel war sicher: Geld konnte ich ihnen nicht geben, und billiges Lob wollte ich ihnen nicht geben.

Ich vergegenwärtigte mir noch einmal, was sie in den letzten Tagen für die Gemeinde getan hatten, und spürte, wie immer mehr Freude in mir aufkam. Ich notierte mir alle Namen der Beteiligten, ging im Gottesdienst nach vorne und fragte die Gemeinde: »Seid ihr begeistert von den Ereignissen der letzten Woche? Ist es nicht toll, daß so viele Nichtchristen diesen Raum füllten und einige zum Glauben an Jesus kamen?« Allgemeiner Applaus.

»Jetzt möchte ich euch etwas sagen. Ich bin so dankbar, daß ich in dieser Gemeinde und in keiner anderen bin. Ich will euch auch sagen, warum. Ich bin ganz einfach nicht für alle Dienste begabt. Mit anderen Worten: Ich bin keine Eier legende Wollmilchsau. Ich bin sehr dankbar, daß ich das erkannt habe, denn jetzt brauche ich mir keinen Bruch mehr zu heben, weil hier so viele Talente sitzen. In der letzten Woche habe ich erfahren, daß wir keine zweitklassigen, sondern nur erstklassige Leute haben. Warum? Nun, die Programme, die wir hatten, waren nicht erfolgreich.«

An dieser Stelle machte ich eine kurze Pause, dann fuhr ich fort: »Es sind nicht die Programme, sondern die kreativen Menschen, die für den Erfolg verantwortlich sind – Leute wie Heinz und Gustav …« Ich fing an, die wertvollen Beiträge der einzelnen aufzuzählen. Jede Person erhielt ein kleines Geschenk und tosenden Applaus. Nachdem alle fünf Personen gelobt worden waren, hatte jeder im Raum verstanden: Es lohnt sich, sich für eine gute Sache in der Gemeinde zu engagieren.

Konstruktiv kritisieren

Nachdem ich in diesem Buch immer wieder betont habe, wie wichtig positive Verstärkung ist, kann ich mir vorstellen, daß einige Leser bereits unruhig geworden sind und sich fragen: Wo bleibt denn die Mitarbeiterkritik?

Wenn ich Mitarbeiter zu kritisieren habe, bemühe ich mich, nach folgender Regel vorzugehen: Lobe den *Mitarbeiter* und kritisiere, wenn nötig, seine *Arbeit*. Anders ausgedrückt: Greife nie die Person an, sondern stets das Problem. Die erforderliche Korrektur muß so angebracht sein, daß sich die Person nicht im Zentrum der eigenen Persönlichkeit angegriffen fühlt.

Wenn du eine Person zu kritisieren hast, dann erwähne zunächst ihre Vorzüge und danke ihr für ihre Leistungen und Bemühungen. Sage ihr dann: »Weißt du, du bist in der Lage, viel effektiver zu sein und könntest wesentlich Besseres leisten, wenn du …« Erkläre jetzt, warum. Auf diese Weise wird unser Mitarbeiter zwar kritisiert, jedoch wird er nicht in seinem Selbstwertgefühl angegriffen. Er kann die Kritik dankend annehmen, und die Beziehung wird nicht unnötig belastet.

Gabenorientierte Mitarbeiterschaft

Jeder arbeitet lieber auf dem Gebiet, wo seine Stärken liegen, als in Bereichen, in denen er nur schwach begabt ist. Mitarbeiter werden dadurch motiviert, daß sie gemäß ihren Fähigkeiten, Kenntnissen und Begabungen an der Stelle zum Einsatz kommen, an der sie ihre Gaben optimal entfalten können. Es ist ein totaler Blödsinn, zu glauben, Gott möchte, daß wir uns gerade in den Bereichen engagieren, in denen wir uns reichlich quälen und ärgern, um am Ende als charakterlich geläuterte Menschen Lobeshymnen über seine guten Wege zu singen. Solche Christen laufen meist mit einem Tabasco-Gesicht durchs Leben. Das Lächeln befindet sich schon lange nicht mehr da, wo es eigentlich hingehört.

Wenn wir langfristig motivierte Mitarbeiter haben wollen, müssen wir dafür sorgen, daß sie in den Bereichen arbeiten, wo ihre wahren Stärken liegen. In den unterschiedlichsten Gemeinden stieß ich auf das Problem, daß unglaublich viele Talente ungenutzt sind, weil niemand sich die Zeit nimmt, Begabungen ans Licht zu bringen und zu fördern. Auf diese Weise gehen unseren Gemeinden enorme Gabenpotentiale verloren, und Menschen sitzen demotiviert ihre Zeit auf harten Kirchenbänken ab.

Wir sollten uns sehr darum bemühen, daß Mitarbeiter auf dem Gebiet ihrer Begabung zum Einsatz kommen, denn dieser Ansatz ...

- ... schafft die größte Zufriedenheit,
- ... baut das Selbstwertgefühl auf,
- ... führt zu Erfolgserlebnissen,
- ... ist der beste Motivator.

Mitarbeitermotivation – deine Hauptaufgabe

Gehe einmal die folgenden Punkte durch, indem du sie für dich selbst als eine Art Checkliste benutzt. Frage dich: In welchen Bereichen praktiziere ich bereits positive Motivation, in welchen Bereichen muß ich mich weiter in dieser Kunst üben?

Leiter motivieren ...

- durch die Vision, die sie vermitteln und an die sie selbst glauben,
- durch Ziele, die sie vermitteln und an die sie selbst glauben,
- durch konstruktives Belohnen,
- durch Glaube, Hoffnung, Liebe, die sie ausstrahlen,
- durch Begeisterungsfähigkeit,
- durch eine positive Lebenseinstellung,
- durch Kreativität, die sie selbst vorleben,
- durch Originalität,
- durch Vertrauen, das sie vermitteln,
- durch ihre Botschaft, die sie leben,
- durch die Beteiligung der Mitarbeiter am Erfolg.

Wenn es uns gelingt, unsere Mitarbeiter positiv zu motivieren, wird unser Hauptproblem nicht mehr in der Frage bestehen: Woher bekomme ich gute Mitarbeiter? Unser Problem läßt sich dann in einer anderen Frage zusammenfassen: Woher bekomme ich für all die guten Mitarbeiter genügend Aufgaben?

Schritt 6:

Steigere deine Kommunikationsfähigkeit

Nicht jeder christliche Leiter ist gleichzeitig auch ein Prediger. Aber jeder Leiter steht vor der Aufgabe, ständig mit anderen kommunizieren zu müssen. Deshalb sollte es eines unserer vorrangigen Ziele sein, unsere Kommunikationsfähigkeit zu steigern. Peter F. Drucker, der als Vater des amerikanischen Management gilt, sagt: »60 Prozent aller Managementprobleme sind auf Kommunikationsdefizite zurückzuführen.«

Jeder Leiter macht die Erfahrung, daß seine Mitarbeiter nicht verantwortlich arbeiten – weil sie nicht verstanden haben, was von ihnen erwartet wurde. In diesen Fällen liegt die Verantwortung für das Versagen bei uns Leitern, weil wir mangelhaft kommuniziert haben. Gute Leiter verstehen es, durch gekonnte Kommunikation ihre Mitarbeiter zum Erfolg zu führen. Experten gehen davon aus, daß Kommunikation 80 Prozent der Leitertätigkeit ausmacht.

In vielen Gemeinden und christlichen Gruppen läßt sich folgender Teufelskreis identifizieren: Unzureichende Informationen – Mißverständnisse – kein regelmäßiger Informationsaustausch – zu geringe Abstimmung – wachsende Unsicherheit – Enttäuschung – Mißstimmung – Demotivierung – noch weniger Kommunikation – Schweigen – noch mehr Unsicherheit usw. Die Folgen dieser Kommunikationsstrategie sind: Selbstvorwürfe, Sündenbockstrategie, Unzufriedenheit, Streit, Trennung.

Der Kreislauf gekonnter Kommunikation hat seinen Erfolg darin, daß man sich verständlich macht und verstanden wird. Er läßt sich mit folgenden Stichworten beschreiben: Ausführliche Information – Sicherheit durch klare Aufgabenbeschreibung – regelmäßiger Informationsaustausch – Abstimmung der Erwartungen – Befriedigung – Arbeitsfreude – regelmäßiger Informationsaustausch usw. Die Folgen sind: Sicherheit, ein positives Arbeitsklima, Motivationsanstieg – und schließlich: Zielerreichung.

Jede Gruppe oder Gemeinde, die wachsen will, muß an ihrem Kommunikationssystem arbeiten, weil sie sonst sehr leicht die beschriebenen Einbrüche erleben kann.

Von anderen lernen

In unserer Stimme, Sprache und in unserem Lächeln drückt sich unsere Persönlichkeit aus. Ein Mensch, der in seiner Persönlichkeit gefestigt, stabil und zielorientiert ist, wird – ganz abgesehen von dem, *was* er sagt – in einem größeren Maße überzeugen können als eine unsichere Person.

In dem Bestreben, auf diesem Gebiet zu wachsen, las ich vor einigen Jahren Rhetorikbücher, hörte fasziniert brillanten Predigern zu, übte vor einem Spiegel und stellte mir immer wieder die Frage: »Warum kommen bestimmte Prediger an und andere nicht?« Am Anfang meines eigenen Predigtdienstes schaute ich mir einiges bei anderen Predigern ab. Inzwischen habe ich festgestellt, daß ich mit einer Ausdrucksform, die meiner Persönlichkeit und meinem Temperament entspricht, effektiver bin, als wenn ich versuche, in Ausdruck, Mimik und Gestik einen anderen nachzuahmen.

Leiter, die sich weigern, auf diesem Gebiet ständig dazuzulernen, gehören – wenn sie keine rhetorischen Naturtalente sind –, zur riesigen Gruppe derer, die sich nicht effektiv genug äußern können. Es kann also nicht schaden, ein Rhetorikbuch zu lesen und anschließend Übungen vor einem Spiegel oder mit einem Kassettenrecorder durchzuführen.

Die vier Säulen der Überzeugungskraft

Überzeugungskraft setzt sich aus vier Faktoren zusammen: Außer unserer Persönlichkeit gehört dazu eine technische, eine inhaltliche und eine geistliche Komponente. Diese Viererkombination – Persönlichkeit, Rhetorik, Botschaft und Salbung – macht zusammen unsere Überzeugungskraft aus.

Wenn wir uns einen vierbeinigen Stuhl vorstellen, bei dem jedes Bein eines der eben genannten Grundelemente repräsentiert, verstehen wir, wie wichtig es ist, daß diese vier Säulen stets im Gleichgewicht sind. Fehlt auch nur eines der Beine, können wir die Balance in unserem Vortrag unmöglich halten, weil unsere Botschaft eine Schräglage kriegt. Was nützt uns eine Botschaft ohne Salbung? Was nützen uns Salbung und alle Rhetorik dieser Welt, wenn wir unsere inhaltlichen Hausaufgaben nicht gemacht haben? Unsere Rede wird wie eine Wolke ohne Regen sein.

Ein gutes Beispiel für einen Menschen, in dessen Leben sich alle vier Elemente zeigten, ist Johannes der Täufer. Kein Wunder, daß er eine enorme Überzeugungs- und Faszinationskraft hatte. Er besaß eine sehr starke Persönlichkeit, Gottes Salbung und eine gewaltige Botschaft, die in dem außergewöhnlichen Äußeren (Kleidung, Lebensstil, Auftreten) ein Optimum an Frucht hervorbrachte.

Die Vorbereitung einer Rede

Die wichtigste Grundlage für einen Prediger ist nicht das Theologiestudium, sondern seine Berufung sowie eine entwicklungsfähige Begabung. Jesus hatte, obwohl er an keiner Universität studiert hatte, etwas, was viele Theologen heute nicht haben, nämlich eine illustrative, packende Sprache (Mt. 13,3) sowie die Salbung ohne Maß (Joh. 3,34). Wichtig ist, daß wir berufen, begabt und zum Dienst gesalbt sind.

Bevor wir eine Rede, Lehre oder Predigt erarbeiten, sollten wir uns mit den folgenden Gedanken befassen:

- *Bete bei der Themensuche.* Spurgeon betete stundenlang, während er nach dem Text seiner Predigt Ausschau hielt. Paul Yonggi Cho verkriecht sich manchmal betend und fastend in den Gebetsberg. Billy Graham verbringt Stunden vor seinem Dienst auf den Knien. Alle drei haben eines gemeinsam: Sie warten solange »in Jerusalem«, bis die Kraft auf sie kommt (Apg. 1,8).

- *Mache eine geistliche Trendanalyse.* Erkenne unter Gebet den geistlichen Stand und die Bedürfnisse der Gruppe. Verschreibe der Gruppe unter der Leitung des Heiligen Geistes ein geistliches Breitband-Antibiotikum.
- *Habe deine Zielgruppe klar vor Augen.* Zu wem spreche ich? Was stimuliert, motiviert und rüttelt diese Menschen auf? (Alter, sozialer Stand, Interesse, homogene oder heterogene Gruppe usw.)
- *Das Thema sollte bedürfnisorientiert sein.* Sprich von den Dingen, die andere wirklich interessieren, begeistern, anregen und korrigieren. Verkaufe einem Eskimo nie einen Kühlschrank, denn er hat andere Bedürfnisse.

Wenn du die Kerngedanken deiner Rede hast, lese, grüble, brüte und bete, bis das gewünschte Resultat vorhanden ist. Hier lohnt es sich wirklich, hart und diszipliniert zu arbeiten. Predige nie einen angefangenen Entwurf. Manche meiner Predigten sind parallel zu anderen innerhalb von ein bis zwei Monaten gereift.

Gliederung und Sprache

Wenn du das Thema und die wichtigsten Kerngedanken deiner Rede hast, solltest du dir über den Aufbau der Rede Gedanken machen:

- Überlege in Ruhe die Zielsetzung deiner Botschaft.
- Erstelle ein Skelett von Bibelstellen.
- Baue Lehraussagen ein.
- Verwende haufenweise bildhafte Illustrationen. Originalität wird vom Publikum immer belohnt.
- Halte dich an nur 3-4 Hauptpunkte.

Anschließend ordne alle Ideen, Fakten, Daten, Illustrationen und Lehraussagen unter Gebet und füge sie thematisch ineinander. Die Stärke deiner Botschaft liegt nicht im Material, sondern in der Art und Weise, wie du die Einzelfragmente zusammenstellst.

Denke daran: Die meisten Menschen lieben eine deftige Sprache mit Biß, die frisch und außergewöhnlich klingt. »Das Evangelium muß heiß aufgetragen werden, denn lauwarm erregt es Ekel«, sagte Spurgeon. Zu viele Prediger lassen sich durch ihre Erziehung, Tradition und durch Ängste daran hindern, ihre Botschaft in einer deftigen Sprache zu entfalten. Es ist eine Lieblosigkeit gegenüber den Zuhörern, die vom zweiten Lebensjahr an vor der Glotze sitzen, Comikhefte lesen, in der Schule Bildungsfilme und zu Hause Videoclips sehen und nur noch auf visuelle Reize reagieren, sie mit bildarmen, trokkenen, phantasielosen Worten abzuspeisen. In den meisten christlichen Veranstaltungen ist das Entertainment ausgesprochen müde – einfach deshalb, weil wir uns zu wenig darum bemühen. Dabei könnten wir unendlich viel von Gottschalk und Konsorten lernen.

Den Rahmen unserer Rede bilden ein interesseweckender Einstieg sowie ein packendes Ende. Gewinne die Aufmerksamkeit der Zuhörer gleich zu Beginn, indem du eine Frage stellst, einen Witz erzählst, eine Programmvorschau gibst usw. Einer der größten Fehler, den wir machen können, ist der, daß wir das Ende des Vortrages im Wortschwall zerreden.

Checkliste vor der Präsentation

Stelle dir vor jeder Rede folgende Fragen:

- Gewinne ich durch meinen Einstieg die Aufmerksamkeit der Zuhörer?
- Ist meine Botschaft praktisch anwendbar?
- Gelangt die Botschaft in die Herzen der Zuhörer?
- Erreicht sie das gesetzte Ziel?
- Ist meine Sprache lebendig und kantig?
- Habe ich genügend Illustrationen und praktische Beispiele eingesetzt?
- Sitzt der Schluß?

Während du dann vor anderen redest, solltest du an folgende Punkte denken:

- Versuche nicht, andere Personen zu kopieren.
- Schaue das Publikum ständig an, denn der wichtigste Kontakt ist der Blickkontakt.
- Lächle.
- Versuche, so frei wie nur irgend möglich zu sprechen.
- Rede mit Engagement und Begeisterung.
- Lockere die Atmosphäre auf, sei humorvoll.
- Weise alle Gedanken an Mißerfolg im Namen Jesu von dir

Und schließlich: Vergegenwärtige dir, daß der größte und beste Redner aller Zeiten, Jesus Christus, mit dir und durch dich sprechen will! Denke immer daran: Du kannst lernen, besser zu predigen, als du es heute tust, besser zu lehren, als es dir heute gelingt, dich besser vorzubereiten, als du es bisher getan hast.

Versuche, eine Niveausteigerung zu erzielen, die über deine bisherigen Möglichkeiten hinausgeht. Viel Erfolg.

Schritt 7:

Werde in allen Bereichen organisierter

»Wer Ordnung hält, ist bloß zu faul zu suchen. Nur das Genie überschaut das Chaos.« Wer hat diese Sprüche noch nicht gehört? Aber jeder von uns weiß, daß Unordnung selbst für das Genie enorme Energieverluste mit sich bringt.

Organisation bedeutet, sich Ordnung und Übersicht zu verschaffen. Aller Unrat wird beseitigt, und der Rest wird geordnet und einsortiert. Früher lästerte ich über Christen, die mit dicken Zeitplanbüchern unter dem Arm durchs Leben flitzten. Eine Zeitlang war es in manchen Kreisen tatsächlich Mode: Man mußte sich ein Zeitplanbuch besorgen, um »in« zu sein. Diese »Manageritis« war im höchsten Maße ansteckend, und man erlag ihr sehr schnell.

Obwohl ich sagen muß, daß ich gegen diesen Virus resistent bin, ist heute mein Leben als Leiter ohne Planung und Organisation undenkbar. Wir müssen wissen, wo welche Informationen und Unterlagen wiederzufinden sind. Aus diesem Grund möchte ich einige Anregungen vermitteln, die uns helfen, besser organisiert zu sein.

Praktische Organisationshilfen

- Dein Terminkalender sollte nicht zu klein sein. Bist du für mehrere Arbeitsbereiche verantwortlich, empfiehlt sich ein Zeitplanbuch mit viel Platz für Eintragungen. Um optimal organisiert zu sein, ist es ratsam, alles sofort einzutragen, was später einmal erledigt werden soll. Mache deine Eintragungen so übersichtlich, daß du einen optimalen

Überblick über deine Projekte, Ziele und zu erledigende Alltagsgeschäfte erreichst.

- Wenn du verschiedene Dienstbereiche gleichzeitig koordinieren mußt, kann es sich als sinnvoll erweisen, daß du für jeden Leiter eines Dienstbereiches einen Bogen im Zeitplansystem anlegst. Wenn ihr euch dann zum Dienst- oder Beratungsgespräch trefft, kommst du nie mit leeren Händen. Deine Notizen und Eintragungen helfen dir, die Zeit besser auszukaufen.
- Solltest du viel lehren oder predigen, so wird es für dich von unschätzbarem Wert sein, wenn du Ideen und Illustrationen, die du aufschnappst, in einer Mappe sammelst. Du wirst feststellen, daß auf diese Weise durch Fleiß und Ordnung viele Vorträge wie von selbst reifen.
- Jeder von uns muß wissen, wo er welche Informationen und Unterlagen wiederfindet. Aktenordner, Zeitplanbücher und ein individuelles Ablagesystem auf deinem Schreibtisch sind echte Hilfen.
- Auch das Delegieren ist ein wichtiger Bestandteil der Organisation. Leiter, die sich permanent Berge von Arbeit mit nach Hause nehmen, haben es noch nicht gelernt, effektiv zu delegieren. (Nimm nur die Arbeit mit, die nur du erledigen kannst und sollst.)

Vielleicht aber ist dein Leben wie ein zu voll gepackter Koffer, den du nicht mehr zubekommst. Dein Terminkalender quillt nur so über. Hier gibt's nur eine Abhilfe: Kaufe dir einen Rotstift und halte dich an das Prinzip: Weniger ist mehr.

Besprechungen wollen geplant sein

Produktive Mitarbeitertreffen fallen nicht so einfach vom Himmel. Sie müssen intensiv vorbereitet, durchdacht und geplant sein. Jede Besprechung und Versammlung vom Mitarbeiterkreis bis zur Sitzung des Kabinetts lebt vom Führungsstil des Leiters. Der Leitungsstil verändert sich mit der Gruppengröße. Je größer die Gruppe, umso direktiver der Führungsstil.

Achte darauf, daß nur solche Mitarbeiter im Mitarbeiterkreis sind, die in positiver, konstruktiver Weise hinter den Zielen der Gesamtarbeit stehen. Jede Fehlentscheidung bei der Auswahl von Mitarbeitern hat verheerende Folgen. Es ist manchmal sehr leicht, einen Mitarbeiter zu gewinnen, aber unendlich schwer, ihn wieder los zu werden. Wer sich bei der Auswahl seiner verantwortlichen Mitarbeiter von Titeln, Status und Position blenden läßt, braucht sich nicht zu wundern, wenn schon nach kurzer Zeit nichts mehr vorangeht. Ich habe die Erfahrung gemacht, daß gerade hochbegabte Personen sehr häufig nicht teamfähig sind. Halte nach motivierten, beziehungs- und teamfähigen Personen Ausschau, die Charakter haben.

10 praktische Tips

Ich möchte dir nun zehn praktische Tips für Mitarbeiterbesprechungen geben, die sich in unserer Arbeit bewährt haben.

1. *Beginne mit einem Gebet.* Bitte Gott um Unterstützung, Ideenreichtum und Führung. »Wenn aber jemand von euch Weisheit mangelt, so bitte er Gott, der allen willig gibt« (Jak. 1,5).
2 *Schaffe eine lockere Arbeits- und Gesprächsatmosphäre.* Stelle zu Beginn eine Frage oder erzähle den neuesten Mantawitz. Sei unterhaltsam und lächle. Viele hochqualifizierte Leiter erreichen ihre Ziele nicht, weil sie nicht wissen, wie man aus Mitarbeitern Freunde macht. Unser Ziel sollte es immer sein, Meister in Sachen Freundlichkeit, Harmonie und Vertrauen zu werden.
3. *Gewinne die Aufmerksamkeit der Gruppe.* Dies kann erreicht werden durch einen lebendigen, situationsgerechten Einstieg. Hier drei Beispiele:
   - Ein zentraler Bibelvers, der zur Situation der Gruppe paßt, ist immer eine Hilfe.
   - »Hättet Ihr Interesse daran, daß ich euch einen Weg zeige, wie wir unsere Effektivität gewaltig steigern können?« – Pause.
   - »Alles, was ich bisher gesagt habe, war richtig, aber ihr

könnt es ruhig vergessen. Was ich euch aber jetzt sage, ist so wichtig und bedeutungsvoll für uns alle, daß ihr es nicht vergessen werdet.« Nach einer solchen Einführung kann man immer mit voller Aufmerksamkeit rechnen, jedoch sollte man diese Formulierung nicht öfter als einmal verwenden.

4. *Präsentiere zunächst die Gesamtvision und anschließend die Details.* Wenn wir die Gesamtvision ausmalen, können wir mit Aufmerksamkeit und Unterstützung rechnen. Ein weiterer Grund für eine Wiederholung der Gesamtvision ist der, daß diese uns in Fleisch und Blut übergehen muß, bevor sie uns in Bewegung zu setzen vermag. Wenn anschließend Details durchdacht und Entscheidungen getroffen werden, so brauchen die Gruppenmitglieder alle nur erdenklichen Informationen im Vorfeld. Skizzen, Organigramme, Zeichnungen und Arbeitspapiere, die den Kerngedanken veranschaulichen, können in diesem Prozeß eine große Hilfe sein.
5. *Lenke die Aufmerksamkeit zunächst auf Positives.* Bei Gesprächen und Verhandlungen sollten wir immer mit positiven Gedanken beginnen. Alles, was wahr, was ehrbar und lobenswert ist, sollte in den Vordergrund rücken. Auch während des weiteren Verlaufs sollten wir den Blick immer wieder auf positive und konstruktive Gedanken lenken.
6. *Sorge für einen konstruktiven Umgang mit Problemen.* Bevor Emotionen überkochen, sollten wir unseren Mitarbeiterkreis oder Gesprächspartner gründlich informiert haben. Nach einer sachlichen Schilderung eines Problems könnte man sagen: »Ich bin jetzt ganz offen und ehrlich mit euch gewesen und ich hoffe, ihr stimmt mit mir in dieser Angelegenheit überein.«
7. *Bleibe bei Meinungsverschiedenheit ruhig.* Wenn Meinungsverschiedenheiten auftreten oder unsere Gedanken auf Widerstand stoßen, verfallen wir meist in eine Abwehrhaltung oder formulieren eine saftige Verteidigungsrede. Denke daran: »Unsere Zunge hat zwar keine Knochen, aber sie kann Knochen brechen.« Atme deshalb tief durch und bleibe auf jeden Fall erst einmal ruhig. Überlege dir genau, was du sagst und wie du es sagst. Zwei

Gedanken können bei Meinungsverschiedenheiten eine Einstiegshilfe sein.

– Was würdest du an meiner Stelle tun?
– Ich kann mir wirklich denken, daß du echte Gründe für deine Sorgen hast. Aus diesem Grund solltest du uns einfach noch einmal aufklären, damit wir dich besser verstehen.

Laß deine Gesprächspartner ausreden, denn Zuhören ist oft der beste Friedensstifter. »Glückselig sind die Sanftmütigen, denn sie werden das Land ererben« (Mt. 5,5).

8. *Gehe mit aufkommender Wut seelsorgerlich um.* Wenn in der Gruppe Wut und Ärger aufkommen, wollen diese Gefühle zunächst einmal angenommen sein. Verteidigungen oder Anklagen steigern nur die Wut. Klare Argumentationen sind, sobald die Emotionen erst einmal aufgewühlt sind, nicht mehr hilfreich – selbst wenn sie stimmen. Wut will ganz einfach in Liebe angenommen werden. Indem wir zuhören, Annahme vermitteln, innerlich vergeben, geht die Luft raus und die Anspannung löst sich. Bedenke: Hinter jeder Wut verbirgt sich etwas! Vielleicht ist es Trauer, Angst oder Schmerz. Indem wir den Schmerz und die Not sehen, fällt es uns wesentlich leichter, barmherzig zu werden. Wenn du nicht weiterkommst, versichere deinem Gegenüber, daß du seine Anregungen studieren willst. Danke ihm für sein Engagement.
9. *Bleibe transparent.* Stehe zu deinen Fehlern und versuche sie nicht zu vertuschen. Wie bereits erwähnt, sollte jedoch niemand mit seinen Schwächen hausieren gehen.
10. *Sorge für einen verbindenden Abschluß.* Finde den gemeinsamen Nenner und stelle ihn heraus. Wiederhole die Kerngedanken und Zielsetzung und vermittle der Gruppe Perspektive und Zuversicht. Drücke deine Dankbarkeit für die Anregungen und die konstruktive Zusammenarbeit aus. Beende das Treffen mit Gebet.

Schritt 8:

Gehe auf Bedürfnisse ein

In Matthäus 13 wird uns das Gleichnis vom Sämann erzählt, der seine Saat auf vier verschiedene Bodenarten streut. Die Saat, die das Wort Gottes symbolisiert, erbrachte nur bei einer ganz spezifischen Bodenbeschaffenheit reichlich Frucht.

Ich bin der Überzeugung, daß der Herr der Ernte wie der Landwirt in unserem Beispiel Frucht sehen will. Unsichtbare Früchte sind eine Erfindung moderner Theologen. In 1. Korinther 3,6-7 sagt Paulus, daß wir Menschen zwar säen und begießen, der Herr jedoch das Wachstum schenkt. Unsere Aufgabe ist es also, unter der Leitung des Heiligen Geistes den fruchtbaren Boden zu finden. Das richtige Wort zur richtigen Zeit am richtigen Ort zur richtigen Person wird immer Frucht bringen. Dieser Ansatz bedeutet einerseits, daß wir als Leiter unter der Leitung Gottes stehen sollten, andererseits bedeutet er: *Arbeite bedürfnisorientiert.*

Bedürfnisorientierte Personen sind Experten in Sachen Bodenanalyse. Leiter, die die Bedürfnisse und Nöte ihrer Leute nicht kennen, schenken – bildlich gesprochen – einem Blinden einen Farbfernseher, einem Glatzkopf einen Kamm, einem Tauben stapelweise Schallplatten. Jesus hatte ein anderes Konzept: Er heilte beim Blinden ja auch keine lahmen Beine. Der Vater handelte bedürfnisorientiert, als er seinen Sohn in eine Welt voller Nöte sandte. Jesus selbst war bedürfnisorientiert, denn er fragte: »Was wollt ihr, das ich für euch tun soll?« (Mt. 20,32). Wer den Bedürfnissen der Menschen begegnet, kann immer mit starker Aufmerksamkeit der Öffentlichkeit rechnen, denn er betritt fruchtbaren Boden.

Wer ein erfolgreicher Leiter sein will, sollte immer bemüht sein, die Menschen zu verstehen. Welche Sehnsüchte und Ziele haben sie? Was bewegt sie? Wenn ich diese Informationen habe, sollte ich mir die Frage stellen: Wie rege ich ihr Wachstum an?

Wenn ich meine Mitarbeiter maximal fördern möchte, muß ich mir viel Mühe geben, sie genau zu verstehen. Das ist der Grund, warum wir uns als Leiter intensiv mit menschlichen Nöten, Sehnsüchten und Bedürfnissen befassen müssen. Ein psychologisches, soziologisches und geistliches Grundverständnis ist wichtig, um zu verstehen, warum Menschen so handeln, wie sie handeln, so fühlen, wie sie fühlen, so denken, wie sie denken.

Nur wenn wir diese Informationen haben, können wir Aufgaben so verteilen, daß sie auf die jeweilige Person zugeschnitten sind und ihre Stärken und Begabungen zur Entfaltung bringen. So wird verhindert, daß eine introvertierte Person an der Rezeption – und eine extrovertierte Person am Computer landet. Beide würden auf ihrem Posten nicht wachsen, sondern welken.

Mache eine geistliche Trendanalyse

Als wir unsere Frankfurter Gemeinde gegründet hatten, befaßten wir uns sehr stark mit den seelischen Nöten der Menschen. Wir richteten einen intensiven Seelsorgedienst ein, durch den wir diesen Nöten begegneten. Durch diesen Ansatz erlebten wir damals einen nicht unerheblichen Gemeindezuwachs, denn wir standen auf fruchtbarem Boden. Die Menschen kamen, weil wir uns ihrer Nöte annahmen.

Die Leute merkten: Man kümmert sich um unsere Probleme. Eine ganze Zeitlang riefen unzählige Menschen bei uns an, weil sie gehört hatten, daß wir konkrete Seelsorge-Angebote haben: »Ich habe Depressionen.« »Ich habe Liebeskummer.« »Ich werde mir das Leben nehmen.« »Ich bin geschäftlich erfolgreich, aber privat völlig frustriert.« »Ich habe Langeweile.« Wir freuten uns, allen diesen Menschen in der Seelsorge dienen zu können.

Obwohl die meisten Gemeinden behaupten, ihre Zielgruppe seien Nichtchristen, erstellen sie ununterbrochen Programme, die ausschließlich auf Christen zugeschnitten sind. Wenn die

Nichtchristen unsere Hauptzielgruppe sind, müssen wir Wege finden, die sie und nicht die Frommen beeindrucken.

Jede Gruppe, die wachsen will, sollte sich folgende Fragen stellen:

1. Wen wollen wir erreichen?
2. Haben wir eine Antwort auf die Bedürfnisse unserer Zielgruppe?
3. Wie erreichen wir ihre Aufmerksamkeit?
4. Was wollen wir vermitteln?

Woher soll die Welt wissen, daß wir eine Antwort haben, wenn wir nicht in einer Sprache sprechen, die sie versteht? Ich weiß, daß das nun folgende Beispiel mir viel Kritik durch christliche Zeitgenossen einbringen wird, aber an ihm wird deutlich, was ich mit dem bedürfnisorientierten Ansatz meine.

Warum nicht im New-Age-Gewand?

Fritjof Capra bezeichnet die Studentenstadt Tübingen als den zentralen Knotenpunkt und Umschlagplatz für Gedankengut der New-Age-Bewegung in Deutschland. Als ich als Sprecher zu einer Evangelisation in Tübingen eingeladen wurde, stellten wir unsere vier Fragen:

1. Wen wollen wir erreichen?

Die Antwort lautete: die Menschen aus der New-Age-Szene.

2. Haben wir eine Antwort auf ihre religiösen Bedürfnisse und ihren metaphysischen Hunger?

Die eindeutige Antwort lautete: Ja, denn Jesus sagt: »Gebt ihr ihnen zu essen« (Mt. 14,16). Wir haben also eine Antwort auf ihren spirituellen Hunger. Da wir das Übernatürliche durch Jesus auf unserer Seite haben, brauchen wir uns nicht zurückzuhalten. Wir gingen davon aus, daß das, was wir haben, in jedem Fall für sie interessant ist.

3. Wie erreichen wir ihre Aufmerksamkeit?

Die Antwort: Indem wir eine Sprache sprechen, die sie verstehen und ihnen eine Antwort auf ihr Bedürfnis nach religiöser Erfahrung bieten: Jesus Christus. Uns war klar, daß ein Plakat mit der Aufschrift »Jesus Christus, gestern, heute und derselbe auch in Ewigkeit« sein Ziel in diesem Fall nicht erreichen würde. Wir entwickelten einen Köder, der dem Fisch schmecken würde. Auf unserem Plakat stand: »Esoterik aktuell, Thema des Abends: Die Kraft des positiven Denkens«. Wir versammelten uns in einem Saal, in dem fast alle wichtigen New-Age-Veranstaltungen stattfanden.

4. Was will ich vermitteln?

Die Antwort: Jesus ist derselbe gestern, heute und in Ewigkeit. Der Inhalt meiner Botschaft lautete: Positives Denken versetzt Maulwurfshügel, positiver Glaube an Jesus Christus versetzt Berge. An diesem Abend übergaben fünf Menschen ihr Leben dem Herrn.

»Andreas, ziehst du nicht am falschen Joch?« fragte mich eine junge Dame nach der Veranstaltung. »Nein«, sagte ich, »denn meine Botschaft ist absolut christozentrisch. Unsere Veranstaltung war für Nichtchristen.« Jeder Missionar, der die Herzen von Menschen einer anderen Kultur erreichen will, schlüpft in deren Kultur, erlernt die Sprache sowie die Gebräuche des Landes. »Den Juden bin ich wie ein Jude geworden ...« (1. Kor. 9,20).

Gefragt: Freundschaft, Spiel und Spaß

Ich freue mich, daß es in unserer Gemeinde immer mehr Christen gibt, die versuchen, dieses Konzept ihrerseits umzusetzen. Eine junge Mutter und Mitarbeiterin des Christlichen Zentrums Wiesbaden stellte sich die Frage: Wie kann ich mit meinen Möglichkeiten erfolgreich evangelisieren? Im Gebet erhielt sie sehr schnell eine gute Idee. Im Verlauf von ein bis zwei

Wochen hatte sie durch ihre regelmäßigen Parkspaziergänge Kontakt zu fünf Müttern hergestellt, die alle ein Kind im Alter ihres Sohnes hatten. Der gemeinsame Nenner – die Marktlükke – war gefunden. Ein »Miniclub« wurde gegründet, der zu 80 Prozent aus Nichtchristen besteht.

Die Leiterin arbeitet an einem bedürfnisorientierten evangelistischen Konzept, indem sie mit ihrem Angebot Müttern hilft, mit der Großstadtisolation besser fertig zu werden und Antworten auf ihre pädagogischen Fragen zu finden. In einer Atmosphäre von Freundschaft, Offenheit, Spiel und Spaß wird die Hemmschwelle gegenüber dem Evangelium immer kleiner. Mittlerweile hat schon die nächste Mutter begonnen, einen Miniclub zu starten, denn die Marktlücke ist groß.

Begegnen wir der Not der Menschen, so stehen wir immer auf fruchtbarem Boden. Deshalb ist es so wichtig, daß wir uns mit den Bedürfnissen der Menschen befassen.

Schritt 9:

Bringe weitere Leiter hervor

Auf die Frage: »Warum habe ich eine so kleine Gemeinde oder Gruppe?« muß eine Gegenfrage gestellt werden: »Was hast du getan, um kontinuierlich neue Leiter hervorzubringen?«

Ich bin überzeugt: In den Tiefkühlfächern vieler Gemeinden liegt ungeheures Leiterpotential, Gaben und Charisma in Unterbeschäftigung, vakuumverpackt und eingefroren. Gott sucht Christen, die diese Fächer aufreißen.

Menschen werden nicht durch Dienstbesprechungen zu Leitern gemacht, sondern dadurch, daß ich sie persönlich an meinem Leben teilhaben lasse, sie herausfordere, ermutige und verändere. Diese Unternehmungen werden mich Zeit, Geld und Energie kosten.

Kriterien für zukünftige Leiter

Als wir beschlossen, in Wiesbaden eine Gemeinde zu gründen, sammelten wir zunächst Menschen in einem Hauskreis. Ständig hielt ich nach potentiellen Leitern Ausschau. Folgende Fragen waren mir in diesem Zusammenhang wichtig:

- Ist Leiterpotential vorhanden?
- Hat er/sie Nachfolger?
- Setzt er/sie andere in Bewegung?
- Wie stark beeinflußt er/sie andere?
- Begeistert er/sie andere für seine/ihre Träume?
- Liebt er/sie Menschen?
- Geht er/sie gut mit Menschen um? Können sich Menschen in seiner/ihrer Nähe entspannen?

- Hat er/sie Glauben an die ihm/ihr Anvertrauten? Sieht er/sie Möglichkeiten, wo andere Hindernisse sehen?
- Ist seine/ihre Lebensführung in Ordnung?
- Ist er/sie belehrbar, treu und demütig? Was sind seine/ihre Stärken?
- Hat er/sie ein brennendes Herz für Jesus?
- Sind Charakter und Charisma in Balance?
- Hat er/sie die gleiche Vision und Dienstphilosophie wie wir?
- Kann er/sie Entscheidungen treffen und selbständig arbeiten?

Nach kurzer Zeit fand ich vier Männer, die ich für geeignet hielt. Inzwischen leitet jeder einen Hauskreis von ca. 13-30 Personen, und die Gemeinde ist durch ihr Leiterpotential innerhalb von neun Monaten auf 90 Menschen gewachsen.

In 14tägigem Rhythmus haben wir zu fünft ein gemeinsames Jüngerschaftstreffen, bei dem ich kurz unsere Vision sowie geistliche Prinzipien vermittele und anschließend ihre Fragen beantworte. Mit jedem einzelnen treffe ich mich zwischen unseren Gruppensitzungen außerdem noch persönlich, ermutige, korrigiere, pflanze Visionen und habe nach Bedarf seelsorgerliche Aussprachen.

Nicht jeder ist geeignet

Als Leiter des Christlichen Zentrums Frankfurt und Wiesbaden haben Rudi Pinke und ich uns dem Jüngerschaftskonzept verbindlich verpflichtet. Bei jedem auswärtigen Einsatz begleitet mich, wie auch jeden anderen Leiter unserer Gemeinde, ein kleines Team. Wenn ich seelsorgerlich tätig bin, habe ich nach Möglichkeit wenigstens eine Person mit mir, die etwas lernen soll. In jeder Gemeinde gibt es viele Einsatzmöglichkeiten für Training und Zurüstung.

Bevor es zum Jüngerschaftsprozeß im engeren Sinne kommt, beginnt das, was ich Rekrutierung nennen möchte. Jesu Jüngerkreis war – gemessen an den Massen, die ihm folgten – sehr klein. Bisweilen lehnte er Bewerber, die seinem Jüngerkreis beitreten wollten, ab. Denken wir nur an den reichen Jüngling oder den hochmotivierten Gadarener, den er von einer Legion Dämonen befreit hatte.

Der Grund für Jesu Vorgehensweise war einfach: Je niedriger der Standard derer, die man ausbildet, desto geringer ist auch das Engagement derer, die ihnen folgen. Personen, die unbelehrbare Mitläufer sind und obendrein stolz, eigenwillig und arbeitsscheues Verhalten an den Tag legen, sind für den Jüngerschaftsprozeß ungeeignet. Es geht bei der Jüngerschaft nicht darum, Menschen für schöne, warme Versammlungen zu gewinnen, sondern Menschen zu formen, die bereit sind, alles zu geben, um Jesus zu folgen.

Das Homogenitätsprinzip

Interessant ist, daß die Jünger Jesu aus dem gleichen sozialen Stand kamen wie er selbst. Sie waren fast alle Arbeiter. Ich habe festgestellt, daß die Personen, die ich bejüngere, auch vieles mit mir gemeinsam haben. Allgemein gilt: Ein Lehrer wird eine Person mit Lehrbegabung, ein Visionär eine visionär veranlagte Person oder ein Manager eine geschäftstüchtige Person am effektivsten bejüngern können.

Der Mensch, den ich am meisten zu fördern suchte, hat enorm viele Parallelen zu mir. Er heißt Gerold Wienbeuker, ist wie ich verheiratet, genauso wie ich Bartträger und hat wie ich ein ausgesprochenes Interesse an Seelsorge, was unter Männern übrigens eine große Rarität zu sein scheint. Darüber hinaus hat er wie ich ein Hirtenherz, und sein Predigtstil weist gewisse Ähnlichkeiten zu meinem auf. Ist es da ein Zufall, daß Gerold mir von Anfang an sympatisch war und ich bereit war, ihm meine Erfahrungen und Gedanken zu vermitteln?

Manche Leiter übersehen, daß sich ihnen schon längst ein Jünger an die Fersen geheftet hat. Meist sind diese Jünger hartnäckig wie ein Elisa, der nicht von Elias Seite weichen wollte. Solche Personen stellen unablässig Fragen: Welche wichtigen geistlichen Kontakte hast du gerade? Welche Bücher hast du gelesen? Darf ich dich beim Einsatz begleiten? Gern würde ich mal den Hauskreis leiten, wenn du weg bist – darf ich? Wie gehst du mit einem solchen Fall in der Seelsorge um? Darf ich mitbeten? Bekomme ich das Manuskript deiner Predigt?

Vielleicht hast du dich auch schon mal von einer solchen Person belästigt, belagert und bedrängt gefühlt. Solche Personen sind der sichtbare Beweis dafür, daß du ein Leiter bist. Danke Gott für eine solche Person und bilde sie aus, sofern die erwähnten Kriterien erfüllt sind.

Das Vier-Phasen-Modell der Jüngerschaft

Im Jüngerschaftskonzept Jesu lassen sich vier Entwicklungsphasen voneinander unterscheiden:

1. Jesus ließ sich von seinen Jüngern bei seiner Arbeit beobachten.
2. Er machte die Arbeit mit ihnen zusammen.
3. Er ließ sie die Arbeit machen, während er sie beobachtete.
4. Er ließ die Jünger die Arbeit allein machen.

Wie sich diese vier Phasen in der Praxis darstellen können, möchte ich am Beispiel meiner Beziehung zu Gerold zeigen:

1. Stufe: Ich ließ Gerold mich bei meiner Arbeit beobachten.
Als Gerold in meinem Hauskreis war, beobachtete er, wie ich den Hauskreis leitete. Er sah und hörte, worauf es mir bei der Hauskreisarbeit ankam. Schon nach kurzer Zeit hatte er das Hauskreiskonzept und meinen Führungsstil verstanden.

Manchmal hospitierte er, während ich mit Seelsorgeprozessen beschäftigt war. Er sah, wie ich durch biblisch erneuertes Denken Personen dabei half, ihr Leben besser in den Griff zu bekommen. Er erlebte, wie ich Dämonen austrieb und für Kranke betete. Eine ganze Zeitlang begleitete und unterstützte er mich bei den Gründungsarbeiten des Christlichen Zentrums Wiesbaden.

2. Stufe: Ich machte die Arbeit mit Gerold zusammen.
Wir hatten eine schöne und interessante Zusammenarbeit, insbesondere im Seelsorgebereich. Einmal begleitete mich Gerold

auf eine Dienstreise in die damalige DDR, wo wir Mitarbeiter der Kirchenwochenarbeit gemeinsam in Sache Seelsorge schulten. Es war eine herrliche Woche, gefüllt mit tiefen Erfahrungen und zahlreichen Abenteuern. Wir erlebten, wie der Herr uns gemeinsam benutzte, um nach gehaltenen Vorträgen das Gelehrte zu praktizieren.

Da es viele Menschen mit seelischen und körperlichen Nöten gab, teilten wir uns die Arbeit, sodaß jeder von uns damit beschäftigt war, Menschen zu ermutigen, zu segnen, zu heilen und zu befreien. Bei dieser Gelegenheit kamen wir auf die dritte Ebene der Jüngerschaft.

3. Stufe: Ich beobachtete Gerold bei der Arbeit.
Bevor wir nach einem anstrengenden Arbeitstag zu Bett gingen, reflektierten wir die getane Arbeit. Hierbei gab ich Gerold einige Tips. Da er ein sehr belehrbarer junger Mann ist, der einen Hunger nach geistlichem Wachstum hat, lernte er nicht nur schnell, sondern wurde von Gott auch in mächtiger Weise gebraucht und als Leiter bestätigt.

4. Stufe: Ich ließ Gerold die Arbeit allein machen.
Rudi und ich waren uns im klaren darüber, daß Gerold der nächste Vollzeitler in unserem Team sein sollte. So kam es, daß Gerold die gesamte Koordination der CZF-Seelsorgearbeit übertragen bekam, eine Arbeit, der ich mich vorher selbst gewidmet hatte. Da Gerold sich zunehmend zu einem kompetenten Mann im Blick auf Hauskreisarbeit entwickelte, bekam er von uns den Auftrag, alle Hauskreis-Supervisoren unter Rudis Mithilfe in Frankfurt anzuleiten, wogegen ich mich mehr auf die Arbeit in Wiesbaden konzentrierte.

Zur vierten Jüngerschaftsstufe gehört auch, daß es zu einer weiteren Reproduktion kommt. Ein Jahr nach unserer gemeinsamen Reise fuhr Gerold mit einem Team auf mehrere Kirchenwochen in Ostdeutschland, wo er nun seinerseits das Team unterwies und trainierte. Er ist nun dabei, das Jüngerschaftskonzept an anderen Menschen umzusetzen.

Leiter, die Leiter hervorbringen, wissen, wann sie die bestehende Jüngerschaftsbeziehung auflösen sollten. Es ist manchmal gar nicht leicht, einen Leiter, der sich gut entwickelt hat, loszulassen, ihm Raum zu geben, ihm vielleicht sogar den eigenen Stuhl zu überlassen. Ich habe mittlerweile einen Großteil meiner Arbeitsbereiche, die ich in Frankfurt hatte, an Gerold abgegeben, und ziehe jetzt nach Wiesbaden, um von neuem damit anzufangen, ähnliche Dienstbereiche zu entwickeln.

Wenn du eines Tages vor dem Schöpfer stehst, werden seine Fragen an dich sich sicherlich nicht mit Gemeindestatistik und Budgetfragen befassen. Er wird dich vielmehr fragen: »Was hast du aus meinen Mitarbeitern gemacht?« Dann sollte deine Antwort lauten: »Ich habe mich bemüht, ihnen all das beizubringen, was du mir gezeigt hast.«

Schritt 10:

Werde Experte in der Kunst des Ermutigens

Vor einiger Zeit kam ein Pastor zu mir, der sich bitterlich über seine Mitarbeiter beschwerte. »Ich habe eine ausgesprochen schwache Mannschaft, die sehr unmotiviert und lasch ist«, sagte er. »Ich glaube, ich könnte ein paar von euren Leuten gebrauchen.«

Ich merkte sofort, daß das Problem dieses Pastors nicht seine Mitarbeiter, sondern seine negative Einstellung ihnen gegenüber war. Ich erklärte ihm, daß er diese Einstellung dringend korrigieren müsse. »Wenn du ein paar von unseren Mitarbeitern bekämst«, sagte ich ihm, »werden die nach kurzer Zeit genauso demotiviert und frustriert sein wie deine jetzigen Mitarbeiter.«

Ich habe noch keinen erfolgreichen Leiter gesehen, der nicht gesagt hätte: »Mein Erfolgsgeheimnis sind meine guten Mitarbeiter.« Unsere Mitarbeiter sind nie unsere Konkurrenten, sie sind immer unser Erfolg!

John Wimber erzählte, daß ein Pastor sich von ihm beraten lassen wollte, der eine fatal negative Einstellung zu seiner Gemeinde und deren Mitgliedern hatte. Nachdem sich Wimber einige Stunden lang die frustrierenden Gedanken dieses professionellen Negativdenkers angehört hatte, sagte er ihm folgendes: »Ich werde Sie erst dann weiterberaten, wenn Sie mir eine Liste zusenden, die 500 Gründe enthält, warum es Freude macht, in dieser Gemeinde zu arbeiten.«

Verärgert verließ ihn der Pastor. Als Wimber ihn jedoch bei einer Konferenz zufällig wiedertraf, war die Haltung dieses Pastors wie ausgewechselt – und seine Gemeinde war gerade dabei, aufzublühen. Was war geschehen? Er hatte mittlerweile angefangen, über die 500 Punkte eine Predigtreihe zu halten!

Praktische Möglichkeiten der Ermutigung

Es ist ungeheuer wichtig, die Mitarbeiter wissen zu lassen, daß sie begabt sind und in der Gruppe oder der Gemeinde gebraucht werden. Betone im Umgang mit ihnen nicht ihre Schwächen, sondern ihre Stärken. Hebe hervor, daß ihre Position wichtig für den Aufbau der Gemeinde ist.

Inzwischen habe ich von jedem meiner engsten Mitarbeiter, die ich bejüngere, ein Paßbild sowie einen Bogen in meinem Zeitplanbuch. Das Paßbild zeigt ihnen, daß sie mir wichtig sind, und auf dem Bogen kann ich lobenswerte Dinge wie ihre positive Einstellung, Loyalität, persönliches Wachstum, Kreativität etc. festhalten.

Folgende Hinweise können dir helfen, deine Mitarbeiter kontinuierlich zu ermutigen:

- *Investiere Zeit.* Verbringe besonders mit denen Zeit, die sich durch ihre Arbeit als treu erwiesen haben. Gehe mit ihnen essen, einen Kaffee trinken, lade sie zu dir nach Hause ein.
- *Hebe ihre Leistungen vor der Gruppe hervor.* Diese Form von Bestätigung hat auf viele eine sehr intensive und nachhaltige Wirkung.
- *Feiere mit ihnen.* Ein Sektempfang zum Beispiel, der mit einem Jahresrückblick verbunden ist, vermittelt unseren Mitarbeitern das Gefühl, in einem guten Team zu sein.
- *Denke an kleine Aufmerksamkeiten.* Ein persönlicher Brief, ein Telephonat, ein kleines Geschenk durch den Leiter bleibt nie ohne Auswirkung.
- *Setze sie über mehr*, sofern sie sich als treue Haushalter bewährt haben.
- *Verbalisiere stets dein Vertrauen.* Drücke deinen Glauben in die betreffende Person aus. Die Liebe glaubt alles, sie hofft alles.
- *Erkenne sie für das an, was sie sind*, nicht nur für das, was sie leisten. Gott liebt uns nicht wegen unserer Leistungen – er liebt uns so, wie wir sind.
- *Vermittle ihnen das Gefühl, gebraucht zu werden.* Aussagen wie die folgenden sollten zunehmend zu unserem Repertoire gehören:

– Deine Idee ist fabelhaft.
– Das macht dir so schnell keiner nach.
– Ich habe Gutes über dich und deine Arbeit gehört.
– Du machst deine Arbeit gut und gewissenhaft.
– Wie schön, daß du bei uns bist.
– Schade, daß du schon gehen mußt.
– Ich glaube an dich und an deine Arbeit.

Zu unseren Hauskreisleitern sage ich immer wieder aus voller Überzeugung: »Ihr habt ein wertvolles Amt. Ihr seid nicht nur Hauskreisleiter, sondern Führungspersönlichkeiten. Ihr verwaltet ein kleines, göttliches Königsreich, eine kleine Gemeinde in der Gemeinde.«

Ermutigung – nicht nur mit Worten

Wir im CZF und CZW umarmen aus Überzeugung jeden, der zu uns gehört. Anfangs stellten wir fest, daß so mancher traditioneller Deutscher mehr auf Distanz steht, die ungewohnte Nähe machte ihm zu schaffen. Doch der Gewinn unserer Umarmungspraxis war so groß, daß auch anfängliche Skeptiker später selbst damit anfingen.

Wir haben sogar einige Mitglieder, die »die Gabe der Umarmung« haben. Von den Umarmungen dieser Personen geht ungeheuer viel heilende Annahme, Achtung, Liebe und Respekt aus. Wenn sie andere umarmen, scheint eine besondere Salbung auf ihnen zu liegen. Das macht die Umarmung noch wertvoller.

Für mich ist eine solche Praxis der gegenseitigen Ermutigung auch eine Form geistlicher Kampfführung. Entmutigte Menschen sind im besonderen Maße verwundbar und sehr leicht Opfer negativer Gedanken und Einflüsse. Ermutigung ist eine der besten Glaubensinvestitionen, die wir leisten können, sie ist ein Geschenk, das Mitarbeiter revitalisiert und für den Herrn in Bewegung setzt. Da ich erfahren habe, daß die Kunst, ein Ermutiger zu sein, erlernbar ist und fast unbegrenzt gesteigert werden kann, habe ich den festen Entschluß gefaßt, in dieser Kunst immer mehr zu wachsen.

Jemand sagte mal: »Wir lehren, was wir wissen, aber wir reproduzieren, was wir sind.« Wir können noch so viel über Ermutigung lehren und schreiben, in der Praxis werden wir nur das reproduzieren, was wir selber sind. Wir ernten, was wir säen. Säen wir Anerkennung, Bestätigung, Ermutigung und Glauben in unsere Mitarbeiter, werden wir am Ende die doppelten Gewinner sein!

Ein Mitarbeiter wird also nicht dadurch motiviert, indem er ständig auf seine Schwächen aufmerksam gemacht wird. Das komplette Gegenteil vom erwähnten Ziel wird so erreicht. Seine Kreativität und Stärke wird durch die zunehmend aufgebaute Minderwertigkeit und Bedeutungsarmut blockiert und aufgelöst.

Meine dreijährige Tochter Mirjana ist eine begeisterte Memoryspielerin. Das liegt daran, daß sie gegen jeden in unserer Familie gewinnt. Ich spiele besonders häufig und verliere jedes Mal. Nach jedem Spiel lächelt sie und will unbedingt weiterspielen. Indem ich sie zum Sieger mache und somit ihr Selbstwertgefühl aufbaue, bin ich am Ende doch nicht ein Verlierer, sondern der Gewinner, denn Eltern mit selbständigen, selbstbewußten, gesunden Kindern sind nie Verlierer.

Die jüdische Pädagogin und Autorin Lea Fleischmann berichtet, daß die jüdische Erziehung von einem wahren »Genialitätskomplex« durchdrungen ist. Ein Kind kann noch so häßlich sein oder schlechte Noten nach Hause bringen – in den Augen einer jüdischen Mutter bleibt es das Schönste und Klügste. Aussprüche wie: »Ich schwöre dir, mein Sohn hat einen Kopf wie Albert Einstein. Ich weiß gar nicht, was ich machen soll«, soll ein Standardseufzer der durchschnittlichen jüdischen Mutter sein. Kein Wunder, daß die Juden so viele namhafte Experten und Denker hervorgebracht haben! Ihr furchtloses, kühnes Handeln scheint eine Wurzel in dieser bejahenden Art von Erziehung zu haben.

Wie Jesus mit Menschen umgeht

Daß es sich bei diesen Möglichkeiten nicht um einen billigen psychologischen Trick handelt, können wir am Umgang Jesu mit Petrus studieren. Wenn wir uns das Charakterprofil von Petrus vergegenwärtigen, stellen wir fest, daß er ein feuriger, vorlauter Draufgänger war, der nicht immer halten konnte, was er versprach. Mit diesen Eigenschaften wäre er in die meisten Kirchenvorstände wohl nicht hineingewählt worden!

Obwohl Jesus diese Charakterdefizite sehr wohl kannte, drückte er seinen Glauben an Petrus aus, indem er sagte: »Du bist der Fels, auf den ich meine Gemeinde baue.« Jesu Blick war nicht auf die Unzulänglichkeiten, sondern auf die konstruktiven Möglichkeiten seiner Mitarbeiter gerichtet. Ich habe schon viele Predigten darüber gehört, daß Jesus seine Jünger wegen ihres Ungehorsams schalt. Ich habe aber noch keine Predigt darüber gehört, daß er sie immer wieder ermutigte, indem er ihnen zum Beispiel zusprach: »Ihr seid das Licht der Welt, ihr seid das Salz der Erde.« Diese Worte sind damals wie heute Salböl für jede Jüngerseele.

Ich werde die Worte nie vergessen, die Keith Warrington, der Leiter von »Jugend mit einer Mission« (JmeM) in Deutschland, vor Jahren zu mir sagte, als ich noch Mitarbeiter der Frankfurter JmeM-Gruppe war: »Andreas, ich glaube an dich und an deine Arbeit. Da gibt es Dinge, die ich von dir lernen kann.«

Natürlich haben mich diese Worte tief berührt. Was ich an Keith so sehr schätze, ist, daß er grundsätzlich Größe und Stärke akzeptiert, ohne daß sich irgendwelche Überholungsängste bei ihm einstellen. Ich bin davon überzeugt, daß es in unseren Gemeinden unzählige Personen gibt, die auf vielen Gebieten talentierter, kreativer und erfahrener sind als wir Leiter. Nur wenn wir uns über diese Größe und Stärke freuen können und sie bewußt fördern, werden wir zu einer Gemeinde nach Gottes Herzen.

Vermutlich gehörst du auch zu den Personen, die das kurze Leben, das sie auf diesem Planeten verbringen, für eine großartige und effektive Sache einsetzen wollen. Gott selber hat in seiner Liebe ein wunderbares Potential in dich hineingelegt. Vertraue ihm, er wird dir helfen, die Prinzipien dieses Buches mit Leben zu erfüllen. Du kannst dir seiner Unterstützung hundertprozentig sicher sein. Der Herr segne dich.

Die neue Zeitschrift „Kirche für morgen“

In einer Welt der negativen Schlagzeilen fallen sie auf: Gruppen und Gemeinden, die etwas Positives auf die Beine stellen. Die unkonventionelle Wege gehen, im Glauben zu wachsen. Die kreative Formen entwickeln, das Evangelium bekannt zu machen.

Kein Wunder, daß solche Gruppen eine geradezu magnetische Anziehungskraft entwickeln!

Was Hoffnung macht: Es gibt sie durchaus nicht nur im Märchenland, sondern mitten unter uns. In Kaiserslautern etwa ... und in Bern ... und in Frankfurt ... und in Neuburg an der Donau ... und in Berlin ... und an tausend anderen Orten in Deutschland, Österreich und der Schweiz. Alles keine „Idealgemeinden“ – aber Gruppen, von denen wir eine Menge lernen können.

Ab Mai 1992 erscheint „Kirche für morgen“, eine neue Zeitschrift mit einem neuem Konzept. Die „Kirche für morgen“-Redakteure reisen kreuz und quer durchs Land, um diese Gruppen aufzuspüren – mit ihnen zu reden – von ihnen zu lernen – und ihre Erfahrungen möglichst vielen Christen bekannt zu machen. So aufgearbeitet, daß Sie sie als „Bausteine“ in Ihre Arbeit integrieren können.

Interesse? Bei der unten angegebenen Adresse können Sie ein kostenloses Probeexemplar der neuen „Kirche für morgen“ anfordern. Wenn Sie innerhalb von 14 Tagen nach Erhalt nichts von sich hören lassen, bekommen Sie die Zeitschrift regelmäßig im Abonnement zugesandt.

Redaktionsleitung:

Christian A. Schwarz
& Kai S. Scheunemann

Kirche für morgen
Der Praxis-Ratgeber
für engagierte Christen
ca. 32 Seiten, erscheint 5x jährlich
Einzelabo pro Jahr 29,80

C & P Verlag • Niederwaldstraße 14 • W-6200 Wiesbaden
Telefonbestellung: 0611-8110934 • Faxbestellung: 0611-8110928

Christsein – praktisch

So entdecken Sie Ihre Gaben

Das Echo auf die ersten vier Auflagen des Gabentests war überwältigend: Tausende Christen berichteten, daß Gott den Test benutzt hat, um ihnen ihre Berufung zu zeigen. Viele erzählten, daß sie seitdem glücklichere Menschen sind – und gleichzeitig effektivere Mitarbeiter ihrer Gemeinde. In dieser neu bearbeiteten und erweiterten Auflage des Bestsellers finden Sie u.a.:

- Ein 7-Schritte-Programm zum Entdecken der eigenen geistlichen Gaben, in dessen Zentrum ein ausführlicher Fragebogen steht;
- Praktische Hinweise, wie Sie die entdeckten Gaben weiter entwickeln können;
- Antworten auf die häufigsten Fragen, die Christen zum Gabentest gestellt haben.

Christian A. Schwarz
Der Gabentest
So entdecken Sie Ihre Gaben
DIN A4, 158 Seiten, DM/sFr. 24,80
ISBN 3-928093-02-9

Liebe ist lernbar

Liebe – die tiefste Erfahrung im Leben eines Menschen. Viele Bücher und Predigten beschreiben die Liebe in poetischem Überschwang, aber kaum einer sagt, wie Liebe gelernt werden kann. Hier finden Sie:

- 12 Übungen, wie Sie als Christ in der Liebe wachsen können;
- 8 Prinzipien, die eine ganze Gemeinde in eine Oase der Liebe verwandeln können;
- Der „Galater-5-Test" zum Wachstum in der Liebe, mit dessen Hilfe Sie herausfinden können, auf welche Bereiche Sie sich am meisten konzentrieren sollten.

Christian A. Schwarz
Der Liebe-Lern-Prozeß
Die Revolution der Herzen
DIN A4, 124 Seiten, DM/sFr. 24,80
ISBN 3-928093-03-7

Beide Bücher eignen sich zum Selbststudium und für die Arbeit in Gruppen.

C & P Verlag • Niederwaldstraße 14 • W-6200 Wiesbaden
Telefonbestellung: 0611-8110934 • Faxbestellung: 0611-8110928